KB213242

프라이부르크

– 독일의 지속 가능한 도시를 가다

프라이부르크

- 독일의 지속 가능한 도시를 가다

글*사진 소노스(SONOS)

레겐보겐북스

CONTENTS

프라이부르크에 도착하다

라인 강을 건너 독일로 들어섰을 때는 벌써 오후가 지나 있었다. 프랑스 스트라스부르에서 출발한 버스는 검문소에서 오랜 시간을 보낸 탓에 가까운 거리인데도 늦게 도착했다. 국경을 넘기 전부터 추적추적 내리던 비가 점점 거세지는 가운데 드디어 프라이부르크 국제버스터미널에 내렸다. 우리는 숙소로 바로 이동하기 위해 빗속에서 가까운 트램 역을 찾았다. 무거운 배낭을 메고 이리저리 헤매다 승차권 발매기를 찾았는데, 날짜를 입력하는 항목도 보이고 가격도 비싸서 왠지 불안해지기 시작했다. 다행히 뒤에 줄을 서 있던 할머니가 친절하게 도와주셨다. 알고 보니 이곳은 기차역이었고, 트램을 타려면 계단 위로 올라가야 하는 것이었다. 고개를 돌려 보니 기차 철로를 가로지르는 트램라인이 보였다. 그제서야 주위가 한눈에 들어왔다. 이곳이 바로 국제버스터미널과 기차역, 트램 역, 시내버스 정류장까지 모두 모여 있는 프라이부르크 중앙역 Freiburg Hauptbahnhof이었다.

계단 위로 급히 올라가 승차권을 구입하고 숙소로 가는 트램에 올라 탔다. 어느 새 트램은 구 시가지를 천천히 지나고 있었다. 그제서야 비오는 날 정신없이 독일 프라이부르크로의 입성을 무사히 마쳤다는 안도감이 몰려왔다. 숙소에 도착해 배낭을 내려놓으니 벽에 커다란 사진 한 장이 우리를 환영해 주었다. 방금 중앙역에서 보았던 자전거 다리, 비빌리 브뤼케였다. 비로소 환경도시 프라이부르크에 발을 디뎠다는 실감이 나기 시작했다.

환경 수도에서 지속 가능한 도시로

독일 바덴뷔르템베르크 주에 위치한 프라이부르크 임 브라이스가우 Freiburg im Breisgau는 환경 수도로 널리 알려져 있다. 이 수식어가 붙은 것은 1992년 독일의 151개 지자체 가운데 '자연-환경보호' 부문에서 1위를 차지해 '환경 연방수도'로 선정되었기 때문이다. 그리고 20년이 지난 2012년 프라이부르크는 '독일에서 가장 지속 가능한 도시 Deutschlands-nachhaltigste Großstadt'로 선정되어 다시 한 번 유럽과 세계의 관심을 받았다. 수상 내용을 보면 리젤펠트와 보봉 마을, 그리고 세계 최초의 패시브 하우스 건설 등 환경 정책을 반영한 도시 개발이 모범적이라고 평가했다.

리젤펠트 Rieselfeld는 예전 도시 하수처리장이었는데 환경문제로 운영이 중단된 이후 주거단지로 개발되었다. 저에너지 하우스 건설, 재생에너지 사용, 대중교통의 확보, 여유있는 녹지 공간 등 여러 방면에서 친환경적으로 조성되었다. 1998년에는 보봉 마을 Quartier Vauban이 건설되기 시작했다. 프랑스의 옛 병영지였던 곳을 반환받은 후 프라이부르크가 주거단지로 개발하였고, 초기 단계에서부터 주민 참여형으로 진행되었다. 패시브 하우스의 건축, 주차장과 자동차가 없는 마을, 도보·자전거·대중교통 중심의 이동방식, 시냇물을 중심으로 비오톱과 녹화사업 등 미래의 지속 가능한 마을로 완성되었다.

　환경 중심의 도시 개발은 프라이부르크가 진행하는 기후중립 정책의 한 부분이다. '기후중립^{Klimaneutralität}'은 탄소 배출량과 대기 중에 흡수되는 탄소의 양이 서로 균형을 유지하여 제로에 도달하는 상태를 말한다.[1] 인류가 배출한 탄소의 양은 벌써 자연의 자정 능력을 넘었기 때문에 전 세계적으로 온실가스 배출량을 줄여 나가야 한다. 이를 위해 프라이부르크는 2019년 '기후 보호' 프로젝트와 '기후 및 생물종 보호 선언문'을 추가로 발표했다. 그 중 탄소 배출을 줄이기 위한 구체적인 행동 분야를 보면 기후 친화적인 건물의 건설, 도시 계획 및 관리, 지속 가능한 이동방식, 재생 에너지, 기후중립적인 난방 열 공급^{Wärmeversorgung}, 상업 및 산업 분야 관리, 기후 친화적인 생활 방식 등이 있다.[2] 이전 리젤펠트와 보봉 마을에서 시행했던 성공적인 부문과도 연계해 도시 전체에서 기후보호 조치를 정책적으로 실시해 나가고 있다.

　교통정책으로는 '지속 가능한 이동방식'을 시행하고 있다. 걸어 다닐 수 있는 도시, 자전거 네트워크의 확대, 그리고 100% 전기에너지로 운행되는 트램, 버스, 기차 등 이동방식에 있어 기후중립적인 정책을 펼치고

1 　'탄소중립(carbon neutrality)', '탄소제로(carbon zero)'라는 단어로도 사용되고 있지만 이 글에서는 독일을 포함한 유럽(EU)에서 사용하는 '기후중립(Klimaneutralität)'이라는 단어를 사용하기로 한다.
2 　프라이부르크 시 '기후보호 정책' 내용 참조 https://www.freiburg.de/pb/232053

있다. 에너지 정책에서도 저에너지 하우스를 넘어 패시브 하우스, 플러스에너지 하우스 건설에 성공하면서 이를 공공기관, 고층건물 등으로 점차 확대해 나가고 있다. 이제 프라이부르크의 계획은 에너지 자립을 넘어 에너지를 소비하는 만큼 생산하는 단계로 들어섰다. 기존 주택과 건물의 경우에는 리노베이션을 통해 에너지 절약과 에너지 효율성, 에너지 생산성을 높이는 '모든 이들을 위한 에너지 전환' 프로젝트도 시행하고 있다. 산업지역의 경우에는 에너지 절감을 위해 녹색 산업 프로젝트를 시행했는데 이는 '2018년 기후활성화 지자체^{Klimaaktive Kommune 2018}' 부문에서 수상하는 결과로 이어졌다. 이외에도 2050년 기후중립을 향한 정책은 현재 진행형이다. 이제 프라이부르크는 환경수도에서 지속 가능한 도시로, 그리고 2050 기후중립 정책을 위한 선도 도시로 나아가고 있다.

프라이부르크는 환경시장이 따로 있을 만큼 도시정책의 중심을 환경에 두고 있다. 그리고 시 의회의 환경정책은 프라운호퍼 연구소를 중심으로 각 연구기관, 그리고 분트를 비롯한 환경단체, 그리고 시민단체로 진행하는 것이 특징이다. 협동조합과 환경단체는 프라이부르크의 환경 역사가 시작된 탈핵운동, 슈바르츠발트의 보호, 자동차 없는 마을, 자전거 도시 등을 현실적으로 가능하게 만들었다. 각 활동은 뚜렷이 구분되어 있는 것이 아니라 연계되어 있고 서로 연대하여 추진한다. 도시정책과 시민운동, 캠페인이 한꺼번에 움직이는 프로젝트는 시너지 효과를 발휘하여 성공적인 결과를 낳고 있다. 그중 가장 큰 원동력은 시민의 힘이다. 프라이부르크에는 '기후 및 자연 보호 분야'에 헌신하고 혁신적인 아이디어를 가진 시민에게 수여하는 시상식이 따로 있다. 수상제도와 관련해 환경시장 크리스티네 부흐하이트^{Christine Buchheit}는 이 도시를 만들어나가는 주인은 시민이라고 말한다.

> "시민의 헌신이 중요한 역할을 합니다. 기후 및 자연 보호에 참여하려는 지역 주민들의 의지없이는 환경 보호 목표를 달성할 수 없기 때문입니다."

우리에게 프라이부르크는

이 글에서는 2000년대 이후부터 진행하고 있는 프라이부르크의 환경 정책, 그리고 2016년 파리기후협약 이후 기후중립을 위하여 진행하고 있는 최신 뉴스까지 담았다. 그동안 프라이부르크를 비롯하여 독일의 환경정책은 국내에 많이 소개되어 왔다. 하지만 2000년 이후 탈핵과 생태운동, 기후중립 정책, 자동차 없는 도시 등의 환경 뉴스들은 한동안 주춤하는 기색을 보였다. 물론 도시 개발을 위한 정책 연구는 논문이나 자료 등을 통해 소개되었고 탐방과 연수를 통한 보고서도 없지 않았다. 하지만 프라이부르크는 시민과 협동조합, 환경단체가 주체가 되어 사회를 이끌어간다. 그래서 정부가 주관하는 '도시개발 정책'을 계획하기 위해 프라이부르크를 모델로 삼는다면 그건 잘못된 관점으로 접근하는 것이 된다. 앞서 언급했듯이 프라이부르크의 '환경정책'은 시 의회가 주도하여 일방적으로 진행하지 않는다. 정책이나 프로젝트는 연구기관, 시민단체와 연계되고 조직되어 있어, 자칫 정부나 지자체 중심의 하향식 도시개발로 생각해서는 안 된다. 오늘날 프라이부르크 도시 전체를 배우려고 한다면 '공동체'의 입장으로 다가가야 할 것이다.

국내뿐만 아니라 전 세계가 에너지 위기, 기후 변화의 문제에 직면했지만 이에 중점을 두기보다는 개발과 성장의 논리를 우선으로 하여 왔다. 그래서 환경 중심의 정책을 계속 이어온 프라이부르크의 프로젝트들 중에는 아직 우리 사회에서 시도조차 하지 않은 내용들이 많이 쌓여 있다. 다시 말해 환경 역사에서 보면 프라이부르크의 과거부터 하나하나 배우고 실행해 나가야 할 것이다. 그 시작과 기본은 시민들이 되어야 한다. 시민들이 도시의 사회와 환경에 대해 바로 알고 환경단체, 시민단체와 연대해 주체적이고 적극적으로 활동해 나가는 것이 가장 중요할 것이다.

우리는 그동안 자료로만 알아왔던 프라이부르크를 생생하게 탐방하고 싶어서 도시를 방문하였다. 2050을 향해 달려가는 시 정책과 환경운동 소식도 궁금했지만 무엇보다 오랫동안 환경 수도로서의 역사를 지닌 도시의 면모와 시민들의 모습을 보고 싶었다. 결과적으로 도시 탐방을 통해 우리가 깨달은 것은 환경운동과 정책은 절대 추상적인 것이 아니라는 점이다. 또한 시민들의 환경 의식과 실천이 더해질 때 정책은 도시 안에서 제대로 작동할 수 있다는 것도 알게 되었다. 그래서 프라이부르크에는 환경에 대한 관심과 활동이 도시 문화로 정착되어 있었다. 환경 수도이자 지속 가능한 도시 프라이부르크에서 지내는 동안 환경 중심의 사회가 얼마나 삶의 질을 높일 수 있는지 실감할 수 있었다. 프라이부르크에서 환경정책과 시민사회를 돌아본 우리의 발걸음이 지속 가능한 사회로 나아가는 데 작은 밑거름이 되었으면 하는 바람이다.

"손잡고 갈 수 있습니다. 이것이 미래를 위한 모델입니다!"

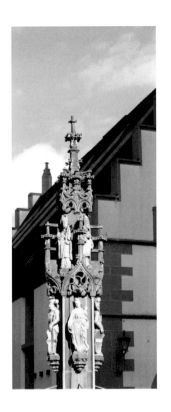

환경 수도에서 지속 가능한 도시로

Freiburg Innenstadt

프라이부르크 도심 지도

1. 물의 도시

- 드라이잠에서 베힐레까지 -

"깨끗한 식수에 대한 접근은 인권입니다.
물은 공공재입니다.
일회용 물병으로 물을 사고 팔 수 없습니다.
물은 우리 모두의 것입니다."

    - 모드 발로우^{Maude Barlow}

도시의 중심 하천 드라이잠

도시는 풍요로운 물줄기를 중심으로 형성된다. 프라이부르크의 젖줄은 도시 한가운데로 흐르는 드라이잠이다. 드라이잠Dreisam은 '드라이추잠Dreizusamm'에서 파생되었는데 '셋이 함께'라는 뜻이다. 프라이부르크의 동쪽 숲, 슈바르츠발트에서 발원한 세 개의 물줄기가 계곡에서 합류하면서 강을 이루는 데서 붙여진 이름이다.

이렇게 시작된 물줄기는 도시를 관통하며 서쪽으로 흐르다가 다시 북쪽으로 방향을 바꾸는데 이때 엘츠Elz 강과 합류하게 된다. 드라이잠과 엘츠는 스트라스부르와의 국경선과 평행을 이루며 흐르다가 라인 강으로 들어간다. 슈바르츠발트에서 발원한 물이 라인 강으로 흐르는 것이다.

드라이잠은 프라이부르크 시의 중요한 수자원으로, 상업용수인 게베어베카날Gewerbekanal과 도심을 흐르는 베힐레Bächle 그리고 작은 개울인 바흐bach 등의 원천이다. 프라이부르크는 도시를 조성할 때 생태 환경을 중심에 두어 이 물길들을 개방시켰다. 개방된 물의 흐름은 도시의 온도를 조절하고 대기를 깨끗하게 한다. 또한 생물의 서식지를 보호하여 생물 다양성에도 큰 기여를 하고 있다. 도시의 개방된 수로는 점점 더 확대되고 있다.

드라이잠은 도시를 윤택하게 하는 원천이지만 강의 수위가 높아져 홍수가 빈번하게 일어나기도 한다. 프라이부르크는 과거 여러 번 재난을 겪었는데. 특히 1896년 봄 슈바르츠발트의 눈이 한꺼번에 녹아 도시로 쏟아지는 바람에 드라이잠 일대가 거센 물살로 뒤덮여 큰 피해를 입었다. 방파제와 담이 무너지고 다리가 파손되면서 급기야 가스관의 파열로 화재로까지 이어졌다. 지금도 슈바벤토어의 기둥에는 그때 희생된 이들을 기리는 명판이 있다.

여름의 폭우도 조심해야 하지만 이렇게 눈과 얼음이 한꺼번에 녹는 봄철에 더 큰 홍수가 발생한다. 이는 프라이부르크의 지형이 홍수를 일으키는데 취약한 형태이기 때문이다. 드라이잠은 슈바르츠발트에서 발원해 산기슭을 따라 내려오는데, 이때 경사가 40도를 넘을 정도로 매우 가파르기 때문에 평야지대에 조성된 도시로 그 물살이 한꺼번에 그리고 매우 거세게 쏟아진다. 그래서 프라이부르크는 도시로 쏟아지는 유량을 완화시키기 위해 여러 방법을 연구해 왔다. 그건 오히려 물의 흐름을 막지 않고 강과 수로, 작은 개울 등의 수로를 개방하고 확대해 나가는 것이었다.

또한 평상시에도 홍수 레벨을 표시하여[3] 수위가 105cm 이상으로 높아지면 자전거 도로와 보행로, 다리를 폐쇄한다. 예를 들어 구시가지 남쪽

---

3 드라이잠 수위 레벨에 대한 내용 참조 https://www.freiburg.de/pb/411886

에 놓인 카이저 다리Kaiserbrücke와 베를린 다리Berliner Brücke는 홍수가 발생하면 자전거 이용자의 통행을 전면 금지하고 홍수가 진정될 때까지 며칠동안 기다린다. 도시 내에서도 저지대와 고지대에 따라 물의 수위가 다르기 때문에 시민들은 자신이 이동하는 지역에 따라 물의 수위를 확인한다. 이렇게 도시는 드라이잠을 비롯한 모든 물의 흐름을 체계화시키고 네트워크화 하여 왔다. 프라이부르크를 포함한 바덴뷔르템베르크 전체 주에서 홍수지도를 마련하고 연방수자원법에 따라 시민들을 홍수로부터 보호하고 있다.

홍수 위험을 알리는 자전거 우회 표지판 ©freiburg

유럽에는 예전부터 강과 개울이 살아 있고 광장에는 분수대가 놓인 도시가 많았다. 하지만 현대로 접어들어 도시 개발이 이루어지면서 대부분

물의 흐름이 끊어지거나 개방된 수로가 줄어들었다. 그래서 프라이부르크 시에 있는 개방된 수로는 이제 유럽에서도 독특한 풍경이 되었다.

프라이부르크에서 빈번히 일어나는 도시의 홍수 피해를 보면서 물의 흐름을 유심히 살펴본 사람이 있었는데, 바로 독일의 대표적인 환경단체 분트BUND[4]의 악셀 마이어Axel Mayer이다. 특히 라인 강으로 합류되는 세 개의 강인 엘츠Elz와 킨치히Kinzig, 드라이잠Dreisam의 중류와 하류 등을 살펴본 결과 곧은 운하(직선화), 인공 수로, 파이프라인 등으로 인해 황폐화되어 있다는 것을 발견하였다. 그래서 직선화된 강의 흐름을 자연과 가까운 모습으로 되돌리자는 생태복원 프로젝트를 펼쳤다.

엘츠, 킨치히, 드라이잠
"운하가 다시 시냇물이 되고 강이 되도록"
생태복원 프로젝트 포스터 ⓒBUND

---

4 분트(BUND : Bund für Umwelt und Naturschutz Deutschland)는 독일 환경 및 자연보호 연맹이라는 뜻으로, 독일 최대의 환경단체이다. https://www.bund.net/

분트는 그동안 범람원 복원을 위해 많은 활동을 펼쳐 왔다.[5] 이러한 노력 끝에 생태계가 조금씩 되살아났고 홍수 조절이 가능해졌다. 자연스러운 곡선으로 하천이 회복되어 생물 다양성에도 기여했다. 연어와 새들이 강으로 돌아왔으며 맑고 깨끗한 하천이 되었다. 자연에 가까운 물의 흐름으로 돌아갈 때까지 앞으로도 생태복원 프로젝트는 멈추지 않을 것이다.

> "시냇물은 구불구불 흐르고, 새들은 넓은 자갈 지역에서 번식하며, 자갈이 풍부한 바닥은 연어가 돌아오기를 기다리고 있습니다."[6]

---

5 독일의 환경단체 BUND의 수질개선 프로젝트 내용 참조
http://www.bund-rvso.de/reiner-rhein-erfolge
6 남부지방 라인강 상류 담당-분트 지역협회(BUND Regionalverband Südlicher Oberrhein)

상업용수 게베어베카날

　오늘은 구 시가지로 가기 위해 길을 나섰지만 서쪽 프라이부르크 중앙역으로 이어진 프리트호프 거리^{Friedhofstraße}로 들어섰다. 방향을 틀자마자 프라이부르크 중앙 공원묘지^{Hauptfriedhof Freiburg}가 보였다. 시민공원이자 묘원인 이곳에 들어서니 확 트인 녹지공간과 카펠레가 보였다.

　공원 앞에서 길을 건너 프라이부르크 대학 캠퍼스 건물로 들어서자 눈앞에 시원하게 물이 흐르고 있었다. 개천은 물의 양도 풍부하고 매우 빠르게 흐르고 있었는데 아마도 며칠동안 내린 비 때문인 것 같았다. 우리가 보고 있는 수로와 물의 흐름이 궁금했다. 그래서 '프라이부르크의 물의 도시 계획^{Wasserstadtplan Freiburg}' 사이트[7]에 들어갔다. 도시 전체의 물의 흐름을 한눈에 파악할 수 있는 물의 지도가 나왔다. 드라이잠에서부터 작은 개울에 이르기까지 구간별로 나누어져 있고 작은 거리와 골목까지 물의 흐름이 모두 표시되어 있었다.

7　게베어베카날(Gewerbekanal)은 네 방향에 따라 나뉘어져 있고 각 장소마다 붙은 번호를 통해 자세한 설명을 볼 수 있다. http://wasserstadtplan-freiburg.akwasser.de/

유량이 풍부한 수로

물의 흐름을 보니 오켄슈트라세^{Okenstraße}에서부터 합스부르거 거리가 있는 남쪽으로 얼마간 흐르다가, 방향을 바꾸어 프라이부르크 대학의 직업학교 사이로 흐르고 있었다. 그러니까 마침 방금 우리가 걸어온 길과 물의 방향이 똑같았던 것이다. 이 물은 계속하여 동쪽 방향으로 흐르다가 구시가지로 흐른다는 걸 지도를 통해 알 수 있었다.

이 물의 흐름은 게베어베카날^{Gewerbekanal} 또는 게베어베바흐^{Gewerbe-}^{bach}라고 부르는데 상업 수로라는 뜻이다. 독일어로 카날^{Kanal}은 운하나 수로를 말하고, 바흐^{Bach}는 개울이나 도랑을 뜻한다. 프라이부르크의 수로가 시작된 건 13세기경으로 도시의 수로를 조절하고 규제하기 위해 협동조합을 만들어 관리해 왔다. 15세기에 와서는 농부, 제분업자, 섬유업자, 양조업자 등 상인들에게 수로를 통해 상업용수를 공급해 왔다.

구시가지 남쪽 슈바벤토어Schwabentor 근처에도 개방된 수로가 있다. 주택을 따라 흐르는 물은 시민들에게도 여행자에게도 풍요로움을 선사해 준다. 여기에는 물 가운데에 고개를 살짝 내밀고 있는 악어 조각이 있는데, 실제인지 아닌지 보기 위해 걸음을 멈추어 보면 '여기는 악어가 있는 나일강이 아니'라는 재미있는 문구도 붙어 있다. 그만큼 개울이 아니라 강처럼 보인다.

개방된 수로를 계속 볼 수 있을까 해서 물의 흐름을 쫓아 걸었더니 대학 건물 사이로 여러 차례 게베어베카날을 볼 수 있었다. 멀리 도심이 보이기 시작하자 더 이상 개방된 수로는 보이지 않았다.

도심의 베힐레

게베어베카날을 보려고 물길을 따라 걸었더니 어느덧 고고학 박물관이 있는 콜롬비 공원Colombi Park을 지나고 있었다. 생각지도 못한 곳에서 구시가지로 들어가게 되었다. 구시가지에 들어서자마자 트램이 들어오고 있었는데 그보다 트램 옆으로 베힐레의 작은 물줄기가 더 눈에 띄었다.

아이들은 발을 담그고 뛰어 다니고 있었고 어린이용 작은 자전거를 타고 달리는 아이도 보였다. 베힐레의 폭은 딱 그 정도였다. 베힐레 주변에는 아이들만 있는 게 아니라 어른들도 함께 물길을 즐기고 있었다. 물가에서 커피를 마시거나 이야기를 나누며 휴식을 취하는 이들도 있었다. 우리도 물이 흐르는 소리, 찰랑거리는 모양, 시원한 공기까지 온 몸으로 느낄 수 있었다. 트램이 달리고 있는 복잡한 도심에서 물이 흐르고 있는 모습을 보니 실감이 나지 않았다. 하지만 조성된 테마공원이 아니라 분명히 프라이부르크 시민이 살아가는 생활 속 풍경이라는 것만은 확실했다.

베힐레에서 자전거 타는 아이의 모습

베힐레는 구시가지 안으로 개방되어 있는 작은 수로의 이름으로, 시냇물이나 흐르는 물을 뜻하는 '바흐^{Bach}'에서 유래되었다. 프라이부르크 시민들은 '슈바르츠발트의 물^{Schwarzwald Wasser}'라고 부른다. 슈바르츠발트에서 흘러내려온 물줄기는 구시가지 남쪽에 있는 슈바벤토어에서 낮은 평야지대를 만나며 베힐레로 도심에 흐르기 때문이다.

베힐레는 13세기에 '급수 시스템^{Wässerungsanlagen}'으로 기록되어 있다. 하지만 고고학적으로는 이미 12세기에 도시가 설립되었을 때를 기원으로 하고 있다. 베힐레는 오랫동안 도시의 급수, 홍수 예방, 화재 시 물 공급 등을 위해 중요한 역할을 해 왔다. 또한 도시의 청결과 건강을 위한 역할뿐만 아니라 낮 동안 대기의 먼지를 흡수하여 공기를 깨끗하게 하고 도시의 기온과 습도도 조절해 준다.

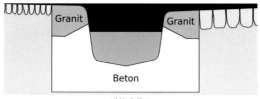

베힐레 구조

도시화로 인해 베힐레는 한동안 그 중요성이 잊히기도 했지만 1950년
대 이후부터 다시 도시에 흐르게 되었다. 도시 내에서는 교통량이 많은
곳에서만 복개되었다. 1970년대 구시가지가 보행자 구역으로 지정되자
유일한 대중교통으로 트램이 놓이게 되었는데, 베힐레와 트램 라인이
가까이 있어 시민들이 문제를 제기했지만 변동없이 그대로 남았다.

앞서 도시의 지형은 동쪽의 슈바르츠발트에서 서쪽의 평야지대로 경
사져 있다고 했다. 가장 큰 경사는 슈바벤토어Schwabentor에서 파넨베르
크 광장Fahnenbergplatz으로 8미터의 차이가 난다. 이러한 경사로로 인해
슈바르츠발트의 눈이 녹으면 도시에 한꺼번에 쏟아 붓게 되지만, 한편
으로는 구시가지 전체에 물길이 고르게 펼쳐지는 이점이 되기도 한다.
베힐레 시스템도 이 경사를 따라 제대로 작동하고 있다. 베힐레의 수로
작업은 동쪽에서 서쪽으로 1% 기울어지게 계획하여 모든 거리와 골목
에 자연스럽게 물의 흐름이 이어지고 있다.

이러한 베힐레의 기술은 수로의 포장에도 적용된다. 초기에는 붉은
사암으로 만들었지만 20세기 이후에는 바닥을 콘크리트로 대체하였다.
오늘날에는 라인 강의 화강암이나 자갈로 포장하고 측면은 화강암 석판
으로 대체해 나가고 있다. 도시 전체의 베힐레는 15.9km로 총 65개의

거리와 광장에서 흐르고 있다. 그중 일부만 복개되고 나머지는 개방되어 있다. 기후중립을 목표로 프라이부르크는 지속 가능한 방식으로 도시를 리노베이션하고 있는데, 그중에는 베힐레를 더 확대하여 물길을 늘려나가는 방안도 들어 있다. 대표적으로 구시가지의 서쪽으로 난 로텍크링^{Rotteckring}과 프리드리히링^{Friedrichring} 거리에 새 베힐레를 만들어 나가고 있다.

프라이부르크는 도시의 물을 자원으로 여기고 더욱 소중히 관리하고 있다. 주요하천인 드라이잠, 상업용수 게베어베카날, 그리고 도심의 개방된 수로 베힐레에 이르기까지 모든 물의 흐름을 보호하기 위해 노력하고 있다. 그래서 수자원의 발원지인 슈바르츠발트의 숲을 보호하는 것에서부터 도심으로 물이 내려올 때의 수로 관리, 녹지공간과 생태계의 보존 등에 이르기까지 지속적인 노력을 더해가고 있다. 이는 프라이부르크 도시 내에서 분만 아니라 바덴뷔르템베르크 주 전체와 연계하여 관리하고 있다. 이러한 물의 보호와 관리는 유럽 전체로 확산되어 도시 속 물의 흐름을 재생하려는 움직임으로 이어지고 있다.

블루 커뮤니티

프라이부르크는 <블루 커뮤니티> 활동을 시작하면서 다시 한 번 물의 도시로 거듭나고 있다. <블루 커뮤니티Blue Communities>는 물을 보호하기 위한 정책으로 현재 스위스와 독일, 캐나다 등에서 90개의 커뮤니티가 활동하고 있다. 도시, 커뮤니티, 교회, 대학 등은 블루 커뮤니티의 비전과 목표를 준수하기 위해 노력을 다하고 있다.[8]

<블루 커뮤니티>는 물을 공공재로 보고 있다. 물은 기업이 개발하여 판매하는 대상이 아니며 물은 누구나 마실 수 있는 사회가 되어야 한다는 취지에서 발족하였다. 또한 대기업들이 물을 독점하는 바람에 물의 흐름이 끊기거나 수자원이 황폐해지는 것도 막기 위해 노력하고 있다. 그래서 누구나 깨끗한 식수를 이용할 수 있어야 하며, 물에 대한 접근을 평등과 인권으로 인식하도록 하기 위해 활동하고 있다. 물은 영원한 것이 아니며 모두의 것이어야 한다는 모토는 전 세계로 널리 확산되어 가고 있다.

---

8 프라이부르크의 <블루 커뮤니티>에 대한 내용 참조
https://www.freiburg.de/pb/1900111

<블루 커뮤니티> 로고

독일은 2017년 베를린 등의 여러 도시를 시작으로 <블루 커뮤니티> 활동을 시작했다. 그리고 프라이부르크는 환경 시장이 2022년 5월 세계적인 물 운동가 모드 발로우^{Maude Barlow}[9]로부터 <블루 커뮤니티>의 회원 인증서를 받았다. 먼저 깨끗한 식수를 공급하기 위해 시 차원에서 거리와 광장에 분수대와 식수대를 설치했다. 시민들은 축제와 행사 등은 물론 야외에서는 누구나 공공 식수대를 이용해 깨끗한 물을 마실 수 있게 되었다. 또한 물을 절약하고 위생적으로 관리해 나가는 활동도 하고 있다. 프라이부르크는 슈바르츠발트에서 베힐레까지, 물의 시작부터 끝까지, 모든 물의 흐름을 보호하고 관리해 나가고 있다. 이는 물을 미래의 소중한 자원으로 여기며 기후중립 정책을 향해 나아가는 것이기도 하다.

---

9 모드 발로우는 유엔에서 물에 관한 고문을 담당하고 있으며 2010년에는 깨끗한 물과 위생에 대한 접근권을 보편적 인권 헌장에 명시하는 데 참여했다. 모드 발로우는 2005년 대안 노벨상(Right Livelihood Award)을 받았다.

2. 걷는 도시
- 자동차에서 보행자 중심으로-

"자동차 경적소리는 더욱더 커지면서 광폭해지고
공기는 먼지와 연기로 가득차고
우리들의 마음은 분노로 가득 차리라.
그리고 마침내 전쟁이 시작된다! …
우리 기계들의 자손들은
살아남아 노래 부르며
황량한 폐허 위에 나무를 심으리라.
그리고 바보같은 기계의 무덤 위에서 오래도록 춤을
추리라."

- 헤르만 헤세^{Hermann Hesse}

자동차를 불편하게 하는 도시

합스부르크 거리^{Habsburgerstraße}는 도심인 미테 지구와 수직으로 연결되는 1.6km의 주요 도로이다. 우리는 구 시가지로 이어지는 이 거리를 걸어 다니며 도심의 교통정책을 한 눈에 파악할 수 있었다. 거리는 중심 지구로 이어지는 주요도로인데도 교통이 매우 원활했는데, 보행자 구간, 자전거 구간, 트램 구간으로 각각 나뉘어져 있었기 때문이다.

도로의 한 가운데는 트램 라인으로, 도시의 각 구역으로 이어지는 트램이 오가고 있었다. 바로 옆은 한 차선만 허락된 자동차 도로, 그리고 연이어 자전거 도로와 보행자 도로가 이어져 있었다. 많은 사람들이 이용하는 자전거 도로와 보행자 거리에는 전용 픽토그램이 보였다. 트램이 라인을 벗어나는 일이 있을 수 없듯이 자동차와 자전거도 각자의 구간을 벗어날 수 없게 되어 있었다. 그래서 서로 추월할 일도, 과속하는 일도 없이 일정하게 운행하고 있었다. 이는 자전거가 달리는 도중에 갑자기 자동차가 나타날지도 모르는 사고의 위험이 없다는 것이고, 보행자도 그런 돌발적인 사고가 날까봐 불안하지 않아도 된다는 것이다. 구 시가지까지 걸어가는 동안 실제로 사고가 날까봐 느끼는 긴장과 불안함이

거의 없었다. 이러한 프라이부르크의 교통정책은 사고의 위험을 줄이고 교통정체도 막을 수 있다. 그동안 도시는 자동차만 편리한 바람에 모두가 불편을 겪었다. 자동차를 줄이자 시민들은 안전하고 편리한 도시 생활을 누릴 수 있게 되었다.

합스부르크 거리의 풍경

프라이부르크 시는 2022년 '기후 이동성 계획Klimamobilitätsplans'을 발표했다. 2030년까지 CO_2 배출량을 40%까지 줄이고, 지속 가능한 이동방식으로 유도해 온 교통정책을 확대해 나갈 예정이다. 바로 걷는 도시, 자전거 도시, 대중교통의 도시를 만들어 나가는 프로젝트를 말한다. 프라이부르크는 특별히 보행자 거리와 자전거 도로에 더 중점을 두고 있다.

기후문제와 에너지 문제에 대비하여 프라이부르크는 지속 가능한 이동

방식을 100% 확충하는 계획을 세워 추진하고 있다. 즉, 환경과 에너지 측면에서 걷기와 자전거 이용을 우선시하고, 화석연료에 의존하지 않는 100% 재생에너지로 운행되는 대중교통을 뒷받침하는 방식이다. 이에 대해 프라이부르크의 시장 마르틴 호른^{Martin Horn}은 다음과 같이 말했다.

> "기후 이동성 계획은 우리가 기후중립적이 되는 데 중요한 역할을 할 것입니다."

프라이부르크 시가 자동차를 제한하는 정책을 펴기 시작한 것은 1972년부터였다. 오랜 자동차 중심의 문화를 바꾸는 데에는 대전환이 필요했다. 우선 자동차 이용을 줄이기 위해서 자동차 도로와 주차공간을 점차 줄여나갔다. 이렇게 확보된 공간에는 보행자 전용 거리를 만들고 자전거 도로를 넓혔다. 부분적으로 조성되어 있던 자전거 도로를 서로 연결하고 구간을 늘려 나가는 네트워크화 작업도 꾸준히 해 나갔다. 이를 보완하기 위해 기차와 트램, 버스 등 모든 대중교통을 네트워크화 하고, 교통시스템을 일원화하였다. 교통시스템은 모두 레기오카르테라고 부르는 교통권 하나로 통합하였고 시민들에게 최대한 혜택이 돌아갈 수 있도록 체계화했다. 또한 파크 앤 라이드^{Park&Ride} 정책을 더했다. 자동차와 자전거 주차장을 만들어 도심으로 진입할때에는 대중교통을 이용하도록 하였다.

결국 프라이부르크에서 자동차 이용은 불편한 이동방식이 되었다. 자동차 도로가 줄어들었고 주차 제안구역이 늘었다. 주차장을 찾기 어려워졌으며 있더라도 비싼 주차요금이 부과되었다.

기후 이동성 계획의 하나인 전기 트램

자동차가 진입하지 못하는 공간도 늘어났는데, 대표적으로 구 시가지의 보행자 전용 거리이다. 주거 공간이 있는 거리에서는 교통안정화 정책으로 30km 이하의 속도 또는 보행자의 걷는 속도로 규정되었다. 그러자 프라이부르크에서는 자동차는 더 이상 편리한 교통방식이 아니라는 인식이 자리 잡기 시작했다. 수십 년 동안 이어온 교통정책은 오늘날 도시에 정착화 되어 있다. 하지만 완벽해 보이는 이 교통정책은 미래를 위한 지속 가능한 이동방식을 향해 다시 개선하고 재편성해 나가고 있다. 이러한 지속 가능한 이동방식은 단지 교통정책 분야만이 아니라 미래의 에너지 문제, 도시문제, 사회문제, 환경문제 등 여러 가지 문제를 동시에 해결할 수 있는 대안이 되고 있다.

보행자 전용 구역

합스부르크 거리가 끝나고 큰 교차로 너머로 전승 기념탑^{Siegesdenkmal}과 오이로파 광장^{Europaplatz}이 나타났다. 그리고 거리 이름은 카이저 요제프 거리^{Kaiser-Joseph-Strasse}로 바뀌었다. 이름은 바뀌었지만 계속 남쪽으로 이어지는 직선 도로이다. 여기서부터 프라이부르크 뮌스터 주변은 차 없는 거리로 보행자 전용 구역이다. 정확하게 말하면 뮌스터 광장^{Münsterplatz}을 중심으로 주변 1.5km에 해당하는 거리가 보행자 전용 구역에 해당한다. 1973년 프라이부르크 시는 구 도심에 자동차 통행을 금지하고 보행자 구역^{Fußgängerzone}으로 전환했다. 길을 포장하고 베힐레를 조성하자 양쪽으로 아케이드가 들어섰다. 예전 이곳에 열렸던 시장은 뮌스터 광장으로 자리를 옮겼다.

멀리서 트램이 들어왔다. 트램은 승객들을 내려놓고 마르틴스토어의 문을 통과해 사라졌다. 중세 관문이었던 종탑 모양의 마르틴스토어^{Martinstor}까지 카이저 요셉 거리에는 시민들의 편의를 위해 대중교통인 트램만 들어올 수 있다. 저 중세 문을 통과하고 나면 더 이상 이러한 제한은 적용되지 않는다.

보행자 거리의 성악가

　보행자의 거리를 걸어 뮌스터 광장으로 갔다. 시민들과 여행자들이 천천히 걸으며 쇼핑을 즐기기도 하고 유서 깊은 건물들을 감상하며 사진을 찍기도 했다. 거리에 서서 커피를 마시며 이야기를 나누는 이들, 느긋하게 산책을 즐기는 이들도 보였다. 우리도 서점과 꽃가게, 베이커리와 카페를 구경하며 천천히 걷다보니 어느새 작은 시청 광장^{Rathausplatz}이 보였다. 그보다 먼저 가톨릭 교구인 성 마르틴 성당^{Kath. Kirchenge-meinde St. Martin}이 우리를 맞아 주었다.

　예전부터 마을의 문화는 광장과 성당을 중심으로 이루어졌다. 하지만 현대에 들어서면서 도시 개발로 많이 사라져 버렸다. 오늘 광장에 도착해 그 흥성거림을 보니 이곳에는 광장 문화가 여전히 남아있는 듯 보였다. 크리스마스에는 이 광장에서 와인 축제가 있다고 하는데 전통방식대로 말이 직접 와인 통을 실어 나르며 한 해의 수확에 감사하며 와인을 즐긴다고 한다. 보행자 구역은 사라진 광장 문화를 되살리고 마을 공동체를 회복하는 데에도 큰 역할을 하고 있었다.

프라이부르크 시청사

환경구역

보행자 전용 거리 일대에는 자동차를 볼 수 없다. 그래서인지 도심인데도 불구하고 매우 공기가 깨끗했다. 그런데 도시의 청정한 공기를 유지하기 위해 프라이부르크 시가 시행하는 정책이 하나 더 있었다. 바로 '환경구역'이라는 개념이다. 환경구역^{Umweltzone}[10]은 오염물질을 많이 배출하는 차량을 통제하는 구역을 말한다. 프라이부르크 시의 환경구역 지도를 살펴보니 북쪽의 산업지대를 제외하고 사실상 시의 대부분에 적용되고 있었다.

2010년부터 시행된 이 제도는 미세먼지의 원인인 PM10[11]을 줄이기 위해 시작되었다. 미세먼지의 원인인 질소 산화물이 기준을 초과하는 경우 오염배출 1군에 해당하고 운전 금지 조치가 내려진다. 오염배출 2군인 빨간 스티커부터 오염배출 4군인 녹색 스티커까지 숫자와 색깔에

---

10 환경구역에 대한 내용 참조 https://www.freiburg.de/pb/232967
11 미세먼지는 눈에 보이지 않을 정도의 입자로 아황산가스, 질소 산화물, 납, 이산화질소 오존, 일산화탄소 등을 포함하는 대기오염 물질이다. 주로 자동차, 공장, 조리 과정 등에서 발생하여 대기에 오랫동안 떠다닌다. 입자가 $2.5\mu m$ 이하인 경우는 PM 2.5로 '초미세먼지' 또는 '극미세먼지'라고 한다.

따라 오염물질의 배출 정도가 구분되어 있다. 스티커의 레벨에 따라 도심으로 진입할 때 제한 조치가 내려지고 점차 차량개조를 통해 녹색스티커로 전환할 수 있도록 유예기간을 주고 있다. 녹색 스티커가 없는 채로 도심에 진입하여 법을 어길 경우 최대 80유로까지 벌금이 부과된다.

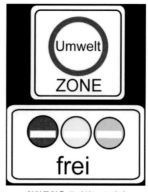

환경구역을 표시하는 스티커

보행자 전용구역을 지정하여 실시한지 50여년이 지났다. 프라이부르크의 보행자 거리는 전 세계가 안고 있는 도시 문제, 즉 교통문제, 대기오염 문제, 그리고 에너지 문제까지 해결할 수 있는 좋은 방안이 되고 있다. 앞으로는 기후중립을 목표로 인류가 미래에 어떠한 도시 환경을 만들어나가야 하는지에 대한 좋은 해답을 보여 줄 것이다.

우리는 보행자 거리를 걸으며 인류가 짊어진 지속 가능한 미래는 지금 이 도시에서 살아가는 시민들이 이미 누리고 있는 것은 아닐까 생각했다. 자유롭게 길을 다닐 수 있고 안전을 보장하는 도시, 그것이 시민들이 가장 원하는 도시의 모습이 아닐까. 불안과 긴장없는 도시, 소음과 매연 없는 도시에서 살아간다는 것이 얼마나 편안하고 건강한 생활을 누릴 수 있는지 다시한번 생각하게 되었다. 이렇게 프라이부르크 시민들이 누리고 있는 도시의 모습이 우리가 살아갈 미래가 되기를 소망해 보았다.

보행자 권리 헌장

1963년 영국에서는 자동차의 심각성을 경고한 뷰캐넌 보고서^{Buchanan} Report가 나왔다. 미래에 자동차가 생활 환경과 안전을 해칠 것이라고 전망한 이 보고서는 영국뿐 아니라 유럽의 많은 국가들에게 영향을 주었다.

1970년에는 네덜란드와 벨기에 북부에서 '본엘프^{Woonerf}' 프로젝트가 추진되었다. 자동차 중심에서 보행자 중심으로 이동의 우선 순위를 바꾸어 놓은 역사적인 프로젝트였다. 자신들의 주거지가 자동차로 인해 더 이상 안전하지 않다고 느낀 시민들이 자동차와 사람 사이에 구분이 없는 거리를 조성해야 한다고 목소리를 높였다.

보행자 거리 표지판

아이들이 주거 거리에서 앞마당처럼 안전하게 놀이를 즐길 수 있도록 하기 위해 자동차는 좀 더 느린 속도로, 즉 보행자의 속도로 운전할 것을 요구한 것이다. 주민들은 속도보다는 삶의 질을 선택했다. 본엘프 프로젝트 이후 처음으로 벨기에가 사용했던 교통 표지판은 오늘날 보행자 중심의 거리 어디든에서든 볼 수 있게 되었다.

1. 보행자는 공공 도로의 전체를 사용할 수 있습니다. 아이들의 놀이도 가능합니다.

2. 운전자는 보행자를 위험에 빠뜨리거나 방해해서는 안 됩니다. 필요한 경우 멈춰야 하며 아이들에게는 두 배 더 조심해야 합니다. 그리고 보행자는 불필요하게 교통을 방해해서는 안 됩니다.

3. 속도는 시속 20km로 제한됩니다.

4. 주차를 허용하는 교통 표지판, 색상 표시, 문자 P와 같은 표시 외에는 주차가 금지됩니다.[12]

유럽 의회에서는 1988년에 이르러서야 보행자 권리헌장The European Charter of Pedestrians' Rights[13]을 채택했다. 보행자 권리 헌장에는 다음과 같은 항목이 있다. "보행자를 신체적, 정신적으로 안전하게 보호해야 하며", "도시는 어린이, 노인, 장애인들의 약한 점을 더 악화시키는 장소가 아니라 사회적 접근을 편리하게 할 수 있는 장소가 되어야 한다."

2020년 프라이부르크는 보행자 권리 헌장의 취지에 맞게 '모두를 위한 프라이부르크Freiburg für Alle'라는 새로운 계획을 발표했다. 900주년 도

---

12 본엘프에 기초한 교통규정은 벨기에 교통규정(Belgian traffic regulation) 참조
13 유럽 보행자 권리 헌장 내용 참조 https://www.diba.cat/c/document_library

시 기념일을 맞아 도시의 모든 이들이 장애물 없이 시설을 이용하거나 이동할 수 있도록 하겠다는 의미이다. 프로젝트가 시작된 이후 보행자, 노약자, 장애인들의 안전함을 위해 보행자 거리의 포석을 일일이 손으로 평평하게 재보수하였다. 또한 시설을 이용할 때에도 눈에 잘 띄는 픽토그램을 통해 안내받을 수 있도록 했다. '모두를 위한 프라이부르크' 프로젝트는 시 장애인 담당관과 시민들이 협력하여 보행자 권리 헌장의 내용을 충실히 실천하고 있다.

3. 환경 친화적 도시

-뮌스터 마르크트에서 로컬푸드까지

"지금 우리는 다른 세계에 살죠. 일년 내내 딸기가 자라지 않
는 지역에서도 딸기를 먹을 수 있죠. 우리는 원할 때 원하는
것을 때론 지구 반대편에서도 수입해 올 수 있습니다. 여기에
석유가 얼마나 쓰이는지는 신경쓰지 않고요. 식품 수송에 에
너지를 낭비하지 말고 지역에서 생산된 제철 식재료만을 먹
어야 합니다."

- 제인 구달 Jane Goodall

뮌스터 마르크트

보행자의 전용 구역의 중심에는 광장과 성당이 있다. 광장에 들어서니 높이가 116미터로 한때 가장 높고 "세상에서 가장 아름다운 탑"으로 불렸던 대성당의 첨탑이 위엄을 드러내고 있었다. 붉은 장밋빛의 거대한 프라이부르크 뮌스터Freiburger Münster이다. 뮌스터Münster는 '수도원Monasterium'을 뜻하는 라틴어를 독일어로 차용한 말로, 수도원 성당을 가리키거나 대도시의 교구 성당처럼 큰 성당을 이르는 말이다. 1200년경에 지은 이 성당은 1356년에 뮌스터의 칭호를 받았다. 그래서 성당 앞 광장은 뮌스터 플라츠Münsterplatz이고 성당을 둘러싼 시장은 뮌스터 마르크트Münstermarkt라고 부른다.

프라이부르크 뮌스터에 들어가기 위해 입구로 다가갔다. 미사가 열리는 동안 관광객은 들어갈 수 없지만 기도를 드리는 사람에게는 문을 활짝 열어주었다. 미사가 진행되는 성당 내부와 달리 광장에는 시장의 흥성거림이 가득했다. 광장 중심에 있는 성당을 한 바퀴 에워싸고 시장이 펼쳐져 있었다.

대성당의 포털과 시장의 입구

몇 백 년 동안 성당과 시장은 종교와 생활을 함께 벗하며 전해져 내려왔다. 뮌스터 마르크트의 역사는 1120년경으로, 시장이 만들어지는 과정에서 도시가 형성되었기 때문에 도시의 역사와 함께 한다. 시장은 도시의 형성과 활성화에도 기여했지만 주변 도시, 나아가 국경 너머 프랑스 알자스와 스위스 바젤 등과의 교류에도 중요한 역할을 하였다. 시장이 형성된 후에 많은 상인들이 모였는데 초기에는 카이저 요제프 거리Kaiser-Joseph-Straße와 주변 골목에서 주간 시장이 열렸다. 그러다 15세기에 이르러 뮌스터 플라츠로 이동했고, 1532년에 '역사적인 상점Historisches Kaufhaus' 건물이 완공될 무렵에는 성업을 이루고 있었다.

1970년대 광장과 시장 주위가 보행자 구역으로 지정된 것에는 이유가 있었다. 유명한 슈바르츠발트의 관문에 있는 프라이부르크는 인근

스위스와 프랑스에서 대거 몰려드는 관광객으로부터 자유로울 수 없었다. 당시 뮌스터 광장은 주차장으로 사용되고 있었다. 주민들과 시 당국은 이 문제를 해소하기 위해 자동차를 줄이는 정책을 세웠다. 먼저 자동차를 줄이기 위해 대중교통을 연계하고 점차 확보된 공간에 자전거와 보행자 거리를 만들었다. 보행자 전용 구역으로 정해질 때 상권을 잃을까 불안한 주민들도 많았다고 하는데, 오히려 광장과 시장은 더욱 활기를 띄게 되었다.

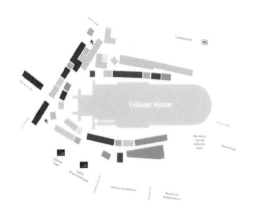

뮌스터 마르크트에 있는 상인들의 위치 ©freiburg[14]
(서쪽 입구(왼쪽) : 꽃시장(Floristen) / 남쪽 : 스낵(Imbiss)과 수공예품(Kunsthandwerk)
/ 북쪽 : 식료품(Händler), 과일과 채소(Obst & Gemüse))

---

14 그림지도를 통해 본 상인들의 위치는 시장의 사이트 참조
https://muenstermarkt.freiburg.de/

성당의 중앙 포털이 있는 서쪽은 시장의 입구이기도 했다. 시장의 시작은 화사한 꽃시장이었다. 우리는 광장의 남쪽으로 이동하면서 시장을 구경했는데 먹을거리와 수공예품을 파는 상인들이 모여 있었다. 프라이부르크는 슈바르츠발트를 가까이 하고 있어 나무로 만든 갖가지 수공예품이 단연 인기였다. 이곳은 뻐꾸기시계로 유명한 곳이 아닌가. 그 외에도 나무로 만든 제품이 많았는데 인형, 도마, 스푼, 책장 등 장신구에서부터 일상 생활용품에 이르기까지 매우 다양했다. 오늘날 플라스틱이 일상용품을 모두 점령해 버렸지만 이곳에는 나무로 만든 생활제품이 많았다. 나무의 따뜻한 질감과 나무의 결이 만들어낸 무늬가 아름다운 예술 공예품을 만들어 주고 있었다.

뮌스터 마르크트의 사람들

문득 성당 맞은편으로 '역사적인 상점^{Historisches Kaufhaus}'이 보였다. 1532년부터 이곳에 자리한 건물은 붉은 색의 파사드와 합스부르크 왕가의 조각상, 그리고 보기 드문 계단식 박공지붕^{Staffelgiebel}으로 눈길을 끌었다. 시대적 양식과 전통을 담고 있어 문화재로서도 의미가 있지만, 지금도 이 건물은 조합의 회원들과 상인들의 행사 장소로 쓰이고 있다. 전통을 이어가고 있는 이 시장의 중심 역할을 해 온 곳이다.

멀리 슐로스베르크가 보이는 시장 끝까지 구경한 후 성당을 끼고 돌았다. 이번에는 파머스 마켓이 등장했다. 산에서 나는 꿀을 비롯해서 치즈, 소시지 등을 파는 상점들이 들어서 있었다. 식재료 시장에는 밤, 호두, 해바라기씨 등 가을의 풍성한 수확물들이 가득했다. 독일의 대표적인 사과는 생과일, 파이 만드는 사과, 잼 만드는 사과, 주스용 사과 등으로 분류해 팔고 있었다. 프라이부르크의 특산품인 포도 주스와 와인을 파는 상인들도 많았다. 포도 주스를 한 잔씩 사서 마셨는데 당도가 높지 않고 신선함과 독특한 산미가 좋아서 놀랐다. 1리터에 3.5유로인 포도 주스는 많은 사람들이 구매해 갔다. 그런데 자세히 보니 손님들이 빈 병을 가져와 되돌려주고 다시 주스나 와인을 사 가고 있었다. 한 잔씩 파는 주스도 유리컵에 담아 주었는데 박스에 잔을 모아 정리해 두고 있었다. 주위에는 장바구니를 들고 시민들이 분주하게 오가고 있었다. 쓰레기가 발생하지 않도록 재사용을 우선으로 하는 모습에서도 환경도시다운 면모를 발견할 수 있었다.

다시 시장의 입구로 왔다. 유럽이 크리스마스 시즌을 맞은 때여서 각종 크리스마스 물품들이 가득했다. 작은 솔방울부터, 장식용 사과, 리본 등 각 가정마다 크리스마스 장식품과 선물을 직접 만들 수 있도록 재료와

부속품들을 팔고 있었다. 뮌스터 마르크트에는 슈바르츠발트에서 온 자연의 선물과 건강하고 풍성한 가을의 수확물이 가득했다. 이 대자연의 축복을 가득 안고 프라이부르크 시민들은 본격적으로 크리스마스 준비를 하고 있었다.

크리스마스를 앞둔 꽃시장

타이푼 두부와의 만남

시장을 한 바퀴 돌며 구경한 후 푸드 코너를 찾아갔다. 남쪽 방면에는 시장에 온 사람들을 위해 다양한 식사와 간식을 파는 상인들이 모여 있었다. 특히 독일의 소시지, 브라트부어스트Bratwurst를 빵에 끼운 메뉴가 제일 많았다. 그중 손님들이 길게 줄을 서 있는 푸드 트럭이 있었는데 두부 샌드위치를 파는 가게Tofu Stand였다. 오래 기다린 끝에 맛본 두부 패티의 맛과 식감은 놀랄 만큼 맛있었다. 독일의 소시지를 대체할 채식 식품임에 틀림없었다.

샌드위치 안의 두부 패티가 혹시 중국이나 일본 기업에서 만든 게 아닐까 궁금해서 다시 푸드 트럭으로 가 보았다. 두부 패티를 제조하는 회사는 '타이푼Taifun'으로 프라이부르크에 있는 지역 회사였다. 놀라운 것은 유럽에서 유기농으로 재배한 콩으로 만들었다는 사실이었다. 환경을 중심에 두고 미래를 대비하여 콩을 재배하기 시작했다는 타이푼 회사와의 놀라운 만남이었다.

두부 패티를 넣은 샌드위치 가게

타이푼[15]은 1980년대 자연과 환경에 관심이 많았던 볼프강 헥Wolfgang Heck과 클라우스 캠프Klaus Kempff가 여행 중 우연히 식물성 단백질인 콩을 만나면서 시작되었다. 환경과 육식의 문제를 고민하던 그들에게 단백질을 섭취할 수 있는 콩은 매력적인 식물이었다. 특별히 두 사람이 열정적으로 매달린 이유는 미래에 인류를 위한 음식으로서 '콩'의 가능성이었다. 식생활을 변화시킬 수 있고 육류 생산에 비해 환경에 해를 끼치지 않는 완벽한 농산물이기 때문이었다.

그들은 유기농 콩(대두)을 유럽에서 재배하기 위해 독일, 프랑스(알자스 지방), 오스트리아 3개국의 농부들과 연계했다. 결과는 성공적이었고

---

15 타이푼에 대한 내용은 프라이부르크 타이푼 두부 회사를 참조
https://www.taifun-tofu.de/

유럽에서 콩 재배의 가능성을 열게 되었다. 농장에서 수확된 콩은 프라이부르크에 있는 타이푼 회사에서 두부 패티로 가공하여 판매하고 있다.

독일, 프랑스, 오스트리아에서 재배되는 콩 ⓒTaifun

1987년 타이푼Taifun 브랜드가 만들어졌고 2014년에는 타이푼 두부 유한회사Taifun-Tofu GmbH로 전환했다. 현재는 270여명의 사원을 둔 프라이부르크의 지역 회사로 자리 잡았다. 무엇보다 환경과 지속 가능성을 염두에 두고 회사의 모든 공정단계와 운송체계를 모두 친환경으로 관리하고 있다. 유럽의 두부 개척자인 타이푼은 이러한 노력을 인정받아 '2020년 독일의 지속 가능성 상Deutschen Nachhaltigkeitspreis 2020–식물성 유기농 식품' 분야에서 수상하였다.

유기농 지역 농산물

뮌스터 마르크트 한편에서 시끌벅적한 소리가 들렸다. 사과를 생산하는 업체들이 모여 캠페인 행사를 벌이고 있었다. 미래의 기후중립적인 과일klimaneutralem Obst을 알리는 행사였다. 가을에 수확한 제철의 사과가 가장 맛있고 환경에 기여하는 농산물이라는 뜻이다.

유럽에서는 채식주의자가 해마다 늘어나고 있다. 특히 영국, 호주, 독일 등은 채식주의자vegetarian와 완전 채식주의자vegan의 비율이 높은 편이다. 육식을 제한하는 날을 정해두고 실천하는 이들과 유연한 채식주의자Flexterian까지 합치면 비율은 더 높아진다. 채식을 선택하는 이유 중에는 환경, 윤리, 종교, 건강 등이 있는데 최근에는 동물 보호, 미래의 식량 문제, 그리고 환경 친화적인 목적까지 더해졌다. 이러한 채식에 대한 선호는 유기농 식품과 지역농산물의 소비로 이어지면서 공정 무역 제품에까지 영향을 미치고 있다.

뮌스터 마르크트에서 뜻밖에 만난 타이푼 두부로 인해 독일의 로컬 푸드에 대해 다시 한 번 생각하게 되었다. 특히 프라이부르크는 로컬푸드를 장려하고 있는데, 이는 지역의 농장을 살리고 지역농부를 지원하며 가장 신선하고 안전한 식품을 시민에게 제공하는 방법이기 때문이다.

프라이부르크는 독일의 최남단에 위치한 덕분에 일조량이 풍부하여 좋은 농산물을 생산하고 있다. 포도농장과 더불어 과일과 채소, 우유와 유제품 등에서 생산력이 높고 품질이 뛰어나다. 유기농으로 재배하기 위해서는 토양, 물, 공기 및 생물 다양성 보존에 이르기까지 환경 전체가 깨끗해야 하기 때문에 시 당국과 생산자, 소비자가 서로 연계해 많은 노력을 기울이고 있다. 프라이부르크는 농부들이 정직하게 재배할 수 있도록 환경을 관리하고 교육을 하는 한편, 시민들도 친환경 식품에 대해 의식을 높일 수 있도록 힘쓰고 있다.

뮌스터 마르크트의 유기농 로컬 푸드

농부들은 몇 세대를 거쳐 오면서 자신들이 지켜온 토양과 재배방식에 자부심을 가지고 있다. 그래서 프라이부르크에서는 매년 농부와 상인들을 위해 뮌스터 마르크트 조합에서 수여하는 수상식도 개최하고 있다. 시민들은 농부들과 상인들을 자랑스러워하고 건강한 먹을거리에 대한 고마움을 느끼고 있다. 이렇게 로컬푸드는 사회적으로 공동체의식과 시민의식을 높이는 데 큰 기여를 하고 있다.

생산자와 소비자가 직접 만날 수 있는 시장이 프라이부르크 시내 곳곳에서 열리고 있는데 파머스 마켓, 주간시장, 광장시장 등 다양한 시장들이 있다. 뮌스터 마르트트를 비롯해 하슬라허 금요일 시장Haslacher Freitagsmarkt, 란트바서 주간시장Landwasser Wochenmarkt, 슈튀링어 농산물 시장Stühlinger Bauernmarkt 등 20여 곳에서 열리고 있다.[16] 시민들은 걸어서 또는 자전거를 타고 자신과 가까운 곳에서 신선하고 건강한 로컬푸드를 구입할 수 있다. 이러한 열린 시장은 생산자와 소비자가 만나는 좋은 연대의 장소가 되고 있다.

---

16 프라이부르크에서 열리는 주간시장(Wochenmärkte in Freiburg)과 위치는 시청 사이트 참조 https://www.freiburg.de/pb/232237

비오란트와 유럽식품산업연맹

독일에서 가장 큰 유기농 식품업체는 비오란트^{Bioland}이다. 유기농으로
재배된 식품은 주로 각종 마켓을 비롯해 1200여 개의 루트를 통해 소비
자에게 직접 공급되고 있다. 비오란트 매장에서 구입할 수 있으며, 유기
농으로 재배된 것은 비오^{bio}라고 쓰인 유기농 마크가 있다.

비오란트는 EU의 유기농 표준 기준보다 훨씬 엄격한 기준을 적용하
고 있는 것으로 유명하다. EU는 유기농 재배로 전환하는 과정에서 토지
전환의 기준, 농장의 헥타르 당 가금류의 수, 그리고 유전자 변형 씨앗과
사료에 대한 금지조항 등에 대해 다소 느슨한 규정을 적용하고 있다. 하
지만 비오란트는 100% 유기농 제품을 위해 매우 엄격한 기준을 적용하
고 있다.[17] 비오란트에 소속된 농장에서는 농약과 합성비료를 일체 사용
하지 않으며 전반적으로 순환 경제 시스템을 따르고 있다. 순환 경제 시
스템이란 생산에서 배출까지 환경에 해가 가지 않는 농업방식이다. 자
원과 에너지를 낭비하지 않고 폐기물과 탄소 배출을 낮추는 생산 방식
으로 환경에 끼치는 영향을 최소화하는 재생 시스템이다. 비오란트는
이러한 방식을 우선으로 적용해왔다.

17　비오란트와 EU의 유기농 식품 기준에 대한 비교는 위키에서, 비오란트의 기준 목록은
https://www.bioland.de/에서 확인할 수 있다.

그동안 글로벌 경제시장은 환경문제와 사회문제를 일으켰다. 세계시장이 확대되면서 전 세계적으로 물류가 이동하는 동안 수입식품과 가공식품이 크게 늘었고 그 결과 대기오염 문제, 에너지 낭비 문제, 쓰레기 문제 등이 발생했다. 또한 단일작물의 생산 재배 방식으로 오히려 식량 의존도가 늘었으며 저개발 국가의 생물 다양성 감소와 황폐화의 문제도 드러났다. 그래서 지역 생산물을 장려한다는 것은 글로벌 경제시장이 낳은 문제점들을 해결하고 지속 가능한 생태농업으로 재구축해 나가는 일이다.

   지역 상품에 대해 이야기할 때 가장 널리 알려진 개념은 푸드 마일Food miles이다. 1990년대 초 '푸드 마일 보고서 : 장거리 운송 식품의 위험'[18]을 발표한 후 푸드 마일은 환경에 대한 영향과 식품에 포함된 영양과 건강을 고려할 때 반드시 필요한 개념이 되었다. 오늘날에는 한 발 더 나아가 라이프사이클Lifecycle이라는 개념이 발표되었다. 이는 생산방식, 운송거리와 운송방식, 포장 및 가공의 방식, 폐기물 처리, 심지어 배달 패턴이나 마켓을 이용하는 횟수 등까지 포함하여 탄소배출량을 측정하는 방식이다. 최근에는 환경, 사회, 경제 분야까지 포함하는 공정 마일Fair miles[19] 연구에까지 이르렀다.

---

18 〈푸드 마일 보고서 : 장거리 운송 식품의 위험(The Food Miles Report: The dangers of long-distance food transport)〉은 1990년대 티모시 랭(Timothy Lang)에 의해 발표되었다.
19 공정 마일에 대한 연구 보고서 내용 참조 https://pubs.iied.org/15516iied

비오란트가 소속되어 있는 유기농식품산업연맹^{BÖLW : Bund Ökologische}
Lebensmittelwirtschaft[20]은 독일의 유기농 농부, 식품 제조업체, 소매업체의
연합으로 기존의 식량체계를 재구축하기 위해 조직되었다. 즉 땅에서
식탁까지의 모든 과정이 지속 가능한 방식으로 전환되는 것을 말한다.
또한 유기농식품산업연맹은 '친환경'이 단지 환경문제만이 아니라 정
치, 경제, 사회 전반에 걸쳐 미래 사회를 위한 청사진이 되어야 함을 강
조하고 있다. 이렇게 모든 로컬푸드의 행보가 건강한 먹을거리와 지속
가능한 식량체계를 향해 전진하고 있다.

비오란트 로고

---

20 유기농식품산업연맹에는 비오란트를 비롯해 많은 기업, 협회들이 가입되어 활동하고
있다. 사이트에서 회원 및 지지회원들의 최신 활동 보고서를 살펴볼 수 있다.
https://www.boelw.de/ueber-uns/mitglieder/

4. 자전거 도시
– 비빌리브뤼케에서 라트슈타치온까지

"자전거는 공간이나 에너지, 시간이 부족해도 사람들을 빠른 속도로 이동할 수 있게 해 줍니다. 사람들은 주변 사람들을 방해하지 않으면서 자신이 움직임의 주인이 됩니다. …
자전거는 사람들이 저마다 타고난 균형을 훼손하지 않으면서 자기 삶의 공간과 시간, 자신의 영역과 존재의 심장박동 사이에 새로운 관계를 맺을 수 있게 해 줍니다."

– 이반 일리치Ivan Illich

근거리 이동 도시

　오늘은 자전거 도시로서의 진면목을 보기 위해 교통의 허브라고 할 수 있는 프라이부르크 중앙역에 가 보려고 한다. 드디어 자전거 다리 비빌리브뤼케^{Wiwilibrücke}와 자전거 역 라트슈타치온^{Radstation}을 만나러 간다.

　오이로파 광장을 지나 보행자 전용 거리에 들어섰다. 그리고 이제는 단골이 되어버린 작은 빵집으로 들어갔다. 프라이부르크에 온 이후로 이곳에서 아침식사를 하고 성 마르틴 성당에 들른 다음 하루 일정을 시작하는 게 일상이 되었다. 오늘 카페에서는 이른 아침을 먹고 있는 우리에게 주문에도 없는 작은 치즈케이크까지 식탁에 올려 주었다. 오늘 판매할 케이크를 구워 첫 조각을 내어 준 것이다. 고맙다는 인사를 하려고 주인을 찾으니 벌써 점심 샌드위치를 만드느라 분주해 보였다. 이곳의 메뉴는 빵을 반죽하는 것에서부터 샌드위치를 만드는 데까지 모두 이 빵집 안에서 이루어진다.

　작은 상점들이 활성화되어 있는 것도 프라이부르크 도시의 특징이다. 그렇다고 유명브랜드 상점이나 체인화된 서점이 없는 것은 아니다.

하지만 작은 상점들이 지역을 지키게 함으로써 지역의 정체성을 잃지 않도록 하는 정책도 있다. 프라이부르크 시는 대형 점포의 교외 진출이 조례로 금지되어 있다. 거대 상권이 형성되면 상권의 집중화를 가져와 불균형을 이룰 수 있고 미래에 도심 공동화 현상을 유발할 수도 있기 때문이다. 도시의 한 구역이라도 낙후되지 않고 모든 거리가 활성화될 수 있도록 하는 것이 '근거리 이동 도시' 계획의 목표이다.

근거리 이동 도시Stadt der Kurzen Wege는 교통정책의 하나이다. 가까운 거리에 필요한 목적지를 형성함으로써 도보와 자전거만으로도 가능한 생활권을 만드는 것이다. 주택지와 가까운 곳에서 생활권이 이루어진다면 외부로의 불필요한 교통량이 생기지 않기 때문이다.

걷거나 자전거를 이용하는 시민들

근거리 이동 도시를 만들기 위해 지역 상권이 흔들리지 않도록 지키고, 주거 지역 내에서 고용과 소비가 이루어지도록 소매점을 활성화시키고 있다. 이는 다른 도시에서도 진행 중인데, 특히 라이프치히에서는 '천 개의 작은 상점Tausend kleine Leipziger Läden'[21]이라는 놀라운 프로젝트를 진행하고 있다. 한 지역에 천 개의 작은 상점을 조성하고 지켜나가는 것이 목표이다. 프로젝트를 진행하는 동안 시민들은 자신이 살고 있는 지역에서 서로 교류하고 소통해 나가는 공동체 문화 형성에도 좋은 효과를 거두고 있다고 말한다.

근거리 이동의 개념은 기후 변화 및 환경 문제에 대처하기 위해 EU의 계획과 연계되어 있다. 유럽 의회는 2008년 '새로운 도시의 이동 문화에 대하여Hin zu einer neuen Kultur der Mobilität in der Stadt'[22]를 발표했는데, 이는 유럽을 넘어 미국 등 전 세계에서 '걸어 다닐 수 있는 도시Walkable City'[23], '쇼트웨이 시티' 등의 이름으로 진행되고 있다. 최근 파리의 '15분 도시Ville à 15 minutes' 프로젝트도 주목을 끌고 있다. 이렇게 미래의 지속 가능한 이동방식은 교통과 에너지 문제를 해결하는 동시에 지역 공동체도 굳건하게 하는 방법이 되어 줄 것이다.

---

21 라이프치히 소식은 외코뢰베 협동조합신문에서 참조 https://www.oekoloewe.de/
22 유럽 의회 사이트 내용 참조 https://www.europarl.europa.eu/
23 제프리 스펙은 《걸어다닐 수 있는 도시》(마티출판사, 2014)에서 안전하고 편리하게 걸어 다닐 수 있는 도시 설계를 해야 한다고 설명했다.

프라이부르크 대학 도서관

    프라이부르크 뮌스터에서 프라이부르크 중앙역까지는 1km 정도 떨어져 있다. 우리는 목적지로 바로 가지 않고 거리와 골목을 누비며 프라이부르크 뮌스터에서 중앙역까지 걸었다. 그리고 가는 도중에 프라이부르크 대학이 있어 들러 가기로 했다.

프라이부르크 인문대학

1457년 창립한 프라이부르크 대학$^{Albert-Ludwigs-Universität\ Freiburg}$으로 인해 이 도시는 10%에 해당하는 인구가 대학교 학생이다. 그리고 프라이부르크의 주된 경제 활동은 교육과 연구 산업에 집중되어 있다.

구시가지의 카이저 요셉 거리를 걷다가 도시의 명물인 마르틴스토어^{Martinstor}를 지났다. 종탑 모양의 문을 지나 구시가지가 끝나자 현대적인 도시 풍경이 펼쳐졌다. 서쪽 방면으로 좀더 걸어가다 그리 멀지 않은 곳에서 대학을 만났다. 물론 프라이부르크 시 전체에 대학 캠퍼스와 연구 기관들이 흩어져 있어 도시 전체가 대학 도시인데, 우리가 들른 곳은 인문대학이었다. 저명한 철학자들이 강의했던 곳으로 인문학부 학장을 지낸 철학자 하이데거도 유명하고 철학자 에드문트 후설$^{Edmund\ Husserl}$의 흔적도 남아있다. 이리저리 찾아 헤매다 보니 후설을 기리는 바닥돌, 슈톨퍼슈타인^{Stolperstein}이 보였다.

에드문트 후설을 기리는 바닥돌

꼭 보고 싶었던 프라이부르크 대학 도서관 건물이 나왔다. 2015년에 개조되어 유럽에서 가장 크고 현대적인 대학 도서관이 되었다. 일반 건물처럼 직육면체 형태가 아니라 큐브 모양으로, 전체가 유리로 덮여 있었다.

독특한 분위기의 건물은 건축가인 하인리히 데겔로^{Heinrich Degelo}가 지었다. 그가 이 도서관을 '광택이 나는 다이아몬드^{polished diamond}'라고 부른 건 적절한 표현이라는 생각이 들었다. 유리로 된 투명한 건물은 태양광의 투과율을 높여 조명과 난방 등 에너지 문제를 해결했으며 이외에도 건물 전체가 환경 친화적으로 지어졌다.

프라이부르크 대학 도서관 앞 자전거

건물도 독특하지만 유리에 비친 학생들의 자전거가 더 눈에 띄었다. 주차된 자전거의 수가 어마어마했는데 유리에 비치니 두 배로 늘어나 더 많아 보였다. 자전거를 비추기 위해 유리를 선택한 것처럼 멋진 설치미술이 되었다. 도서관 건물 입구에는 스탠드로 156대를 주차할 수 있고, 지하 자전거 공원에는 400대의 주차 공간이 마련되어 있다. 최근 프라이부르크 대학에서는 앞으로 500대를 주차할 수 있는 250개의 스탠드를 설치할 예정이라고 발표했다.[24] 이는 자전거 이용자를 늘리기 위해 주차 공간을 확보하는 '자전거 콘셉트 2020'과 'Park4SUMP' 프로젝트[25]와 연계되어 있다. 앞으로는 대학생들과 대학 관계자들이 더 많이 자전거를 이용하게 될 것이다.

프라이부르크 대학 본관 앞의 자전거

---

24 프라이부르크 대학 홈페이지 내용 참조 https://uni-freiburg.de/

25 Park4SUMP는 더 나은 이동성을 위해 주차 관리 솔루션을 진행하고 있는 프로젝트이다. 현재 유럽의 '지속 가능한 도시 이동성 계획(SUMP)'에 통합되어 있다. https://park4sump.eu/

파크 앤 라이드

프라이부르크 대학 도서관을 지나 빌헬름 거리^{Wilhelmstraße}로 들어섰다. 대학 주변답게 작은 카페와 서점이 보이고 유기농 마크와 공정무역 마크를 단 가게도 있었다. 독일 서점 대상을 연이어 받은 요스플리츠 서점^{Jos Fritz Buchhandlung}도 만났다. 작은 서점이지만 출판을 겸하고 있고 시민을 위한 강연과 낭독회 등 도시의 활발한 책 문화에 기여하고 있다. 이곳은 포럼 보봉 단체가 보봉 마을을 계획하고 개념을 정립해 나갈 때 구심점 역할을 했던 곳이기도 하다. 서점을 끼고 돌자 고풍스러운 붉은색 건물의 괴테연구소와 함께 큰 대로인 비스마르크 도로^{Bismarckallee}가 나타났다. 그리고 프라이부르크 중앙역^{Freiburg Hauptbahnhof}이 정면에 보였다.

프라이부르크 중앙역에는 기차와 트램, 버스 등의 대중교통과 주차장 빌딩^{DB BahnPark Parkplatz}이 모두 한 자리에 모여 있다. 이것은 프라이부르크의 "파크 앤 라이드^{Park and Ride}" 교통정책을 반영한 것이다. 만일 자동차를 이용해 프라이부르크 근교에서 시내로 출퇴근이나 통학을 한다면, 또는 쇼핑이나 관광을 위해 도심으로 가야 한다면 주차장에 자동차를 주차하고 트램이나 버스로 갈아타거나 자전거, 도보 등으로 이동하도록 유도하고 있다. 자전거 이용자도 마찬가지이다. 자전거 역에 주차한 후 대중교통을 이용할 수 있다. 또는 도시 외곽에서 대중교통을 이용해 도착한 후 자전거 역에서부터 도심으로 이어진 자전거 도로를 이용해 목적지로 이동할 수 있다. 이러한 정책을 위해 도심에는 자동차 진입을 금지하거나 제한하고 있다. 또한 주차장 시설이 없거나 있어도 비싸게 이용할 수밖에 없게 되어 있다. 이러한 정책은 원활하고 안정적으로 정착되어 있는데, 도심으로 들어가는 관문에 왜 교통 허브를 두었는지 알 수 있었다.

프라이부르크 중앙역

프라이부르크 시의 교통정책에서 빛을 발하는 레기오카르테^{Regio-karte}[26]를 잠시 살펴보자. 이 환경 교통권은 이동을 위한 모든 교통네트워크에서

---

26 레기오카르테의 내용 참조 https://www.vag-freiburg.de/

사용할 수 있다. 정기권의 종류에는 연간, 월간, 주간 등이 있고 학생을 위한 카드도 있어 자신에게 맞는 교통권을 선택할 수 있다.

레기오카르테의 가격[27]을 보면 1회권은 가격이 2.7유로이다. 세 정거장을 이용할 때는 단거리 혜택이 있어 1.7유로로 할인된다. 하루 종일 원하는 만큼 버스, 기차, 트램 등을 자유롭게 이용하고 싶다면 6.3유로에 1일권을 구입하면 된다. 시민들은 주로 월 이용권을 이용하는데 시작한 날짜로부터 한 달 간 사용 가능하며 가격은 74유로이다. 물가가 비싼 유럽의 경우에 비춰보아도 매우 저렴한 가격이다. 대학 도시답게 프라이부르크 학생들은 특별히 학기권을 이용할 수 있는데, 한 학기 6개월 동안 96유로에 모든 대중교통을 이용할 수 있다. 그야말로 시민들의 이동성을 보장하고 있는 셈이다.

레기오카르테의 혜택을 보면 더욱 매력적이다. 모든 교통시설로 환승이 가능하고 양도도 가능하며, 일요일이나 공휴일에는 성인 1명 당 가격으로 어린이 4명까지 함께 탈 수 있다. 그래도 대중교통이 닿지 않는 곳이거나 급할 때 택시로 환승하게 되는 경우가 생긴다면, 시민이 이용한 교통비의 일부를 환불받을 수 있다. 그 외에도 레기오카르테를 소지하면 자전거 주차장 이용, 전기차 대여, 장거리 교통 티켓 등에서 모두 할인을 받을 수 있다. 이 편리하고 저렴한 교통권은 교통문제뿐만 아니라 에너지 문제까지 해결할 수 있어 미래의 기후 이동 방식의 표준이 되고 있다. 프라이부르크의 레기오카르테는 앞으로 더욱 저렴해지고 더욱 편리해질 것이다.

---

27 레기오카르테의 가격은 2023년 기준이다.

프라이부르크 중앙역의 주변도로를 살펴보면 도로를 중심으로 교통의 흐름을 파악할 수 있는데, 여기에 또 하나의 교통정책이 자리하고 있다. 중앙역을 중심으로 기차는 도시의 남북을 이어주고 있다. 그리고 철로와 나란히 비스마르크 도로가 있다. 그런데 도심에서 (북)서쪽에 있는 슈튀링어 지역Stühlinger으로 이동하려면, 자동차의 경우 직선 대로인 비스마르크 대로를 따라 한참이나 운전한 후에야 서쪽으로 갈 수 있다. 그래서 거리가 멀고 시간이 오래 걸린다. 하지만 자전거와 도보로 가게 되면 중앙역 바로 뒤에 있는 슈튀링어 지역으로 15분 정도면 이동할 수 있다. 그것은 바로 중앙역의 철로 위를 가로지르는 자전거 다리 비빌리브뤼케Wiwilibrücke가 있기 때문이다.

비빌리브뤼케에서 본 슈튀링어브뤼케

중앙역에는 또 하나의 다리가 보이는데 슈튀링어브뤼케^{Stühlingerbrücke}이다. 트램을 타고 중앙역 위를 통과할 수 있는 방법이다. 즉 중앙역을 중심으로 동서 방향으로 이동할 때는 프라이부르크 중앙역 철로 위에 놓인 두 다리를 이용해 대중교통을 이용하거나, 자전거나 도보로 이동하는 방법이 가장 빠르고 편리하다는 것이다. 반면에 자동차로 이동한다면 매우 멀고 교통 혼잡 구역을 지나게 되고 시간이 오래 걸린다. 결과적으로 중앙역 주변도 자동차에게 매우 불편한 이동방식으로 설계되어 있었다.

이를 통해 오늘날 프라이부르크 시가 어떻게 시민으로 하여금 지속 가능한 이동방식으로 유도하고 있는지를 알 수 있다. 한 도시의 교통정책은 단지 대중교통만을 활성화시키는 것만이 아니라 시민들의 이동 동선을 유도하고 네트워크화 하는 연구와 작업이 필요하다는 것을 알게 되었다. 물론 자동차를 중심에 두지 않는 정책이다.

자전거 다리 비빌리브뤼케

프라이부르크 중앙역 앞에 있는 비스마르크 도로를 건너면 버스터미널이나 기차역으로 갈 수 있다. 하지만 우리는 길을 건너지 않고 곧장 콘라드 아덴아우어 광장Konrad-Adenauer-Platz을 가로질러 자전거 다리로 이어지는 오르막길로 올라갔다.

자전거 다리 비빌리브뤼케

자전거 다리는 1996년에 재건하면서 자동차 통행을 금지하고 자전거와 보행자 전용 다리로 거듭났다. 시에서는 이 다리를 자전거로 이용하는 수가 하루 8000명에서 최대 만 명까지로 추정하고 있다.

비빌리브뤼케의 가운데는 자전거가 다니고 양쪽 가장자리로는 보행자가 다니는 길이다. 우리가 걸어서 계단으로 올라가는 동안 오르막 경사로에는 계속 자전거가 올라오고 있었다. 자전거를 타는 이들은 연령층도 다양하고 성별에도 구분이 없었다. 특히 여성이 제법 많은 편인데 체격이 좋은 여성들은 남자들과 똑같이 큰 자전거를 타고 짐을 싣거나 배낭을 메고 달리고 있었다. 다리로 올라서자 바닥에 있는 자전거 도로 fahrradstraße라는 큰 글자가 눈에 들어왔다.

보행자 도로 위에 서서 오른쪽에 있는 프라이부르크 중앙역을 내려다보았다. 아래에는 남북으로 기차 철로가 있고 그 위로는 멀찍이 동서 방향으로 트램이 운행되는 슈튀링어브뤼케가 보였다. 예전에는 이 자전거 다리의 이름이 슈튀링어브뤼케였는데 지금은 트램이 다니는 다리 이름으로 바뀌었다.

비빌리브뤼케는 다리의 색깔 때문에 블루 브릿지라고 부르기도 하고 젊은 세대들에게는 맥주를 마시며 석양을 보기에 좋은 명소가 되어 선셋 포인트로 유명하다. 언뜻 보면 교통정책을 위해 새로 신설된 다리 같지만 의외로 독일에 얼마 남지 않은 역사적인 다리이다. 건축가 막스 멕켈Max Meckel이 설계한 것으로, 1886년 완공되었을 때는 카이저 빌헬름 황제의 이름으로도 불렸다. 비빌리브뤼케는 2003년에 지어진 새 이름으로, 니카라과 공화국에 있는 도시 비빌리의 이름을 따서 지었다.

프라이부르크와 자매도시를 맺은 도시이다. 비빌리 마을에서 수로공사를 위해 일하던 독일인들이 내전에 휘말려 사망한 것을 기리는 표지판이 다리 중간쯤에 붙어 있었다.

다리를 건너는 내내 정면으로 보이는 초록색 성당은 헤르츠 예수 키리헤Herz-Jesu-Kirche인데 '예수 성심 성당'이라는 뜻이다. 1897년에 봉헌된 성당으로 슈튀링어 지역을 대표하는 성당이다. 프라이부르크 뮌스터와 함께 시내 어디에서든 볼 수 있는 높은 첨탑이다. 왠지 다리를 위한 성당처럼, 성당을 위한 다리처럼 색상과 디자인이 비슷해 보이는데, 그 이유는 두 건축물 모두 건축가 막스 멕켈이 만들었기 때문이다.

다리 끝에는 "감사합니다" 인사말과 함께 '자전거도시 프라이부르크' 마크가 플래카드에 찍혀 있었다. 자전거 도시답게 시내를 다니는 동안 자주 이 마크를 만날 수 있다. 비빌리브뤼케 끝에서 자전거 역으로 들어가는 길이 자연스럽게 동선을 이루고 있었다. 라트슈타치온의 둥근 건물이 눈앞에 있었다.

비빌리브뤼케와 예수 성심 성당

자전거 역 라트슈타치온

'자전거 역'이라는 뜻의 라트슈타치온Radstation은 1999년 '독일 환경과 자연보호 연맹BUND'이 독일 교통 클럽, 프라이부르크 자동차 협회와 함께 공동 출자하여 만들었다.

자전거 역 라트슈타치온

자전거 다리 끝에서 자연스러운 동선으로 주차장과 이어지도록 설계되어 있어서 주변에서 자전거로 출퇴근이나 등하교를 하는 시민들이 편리하게 주차할 수 있다.

대형 자전거 주차장은 1000대의 주차와 보관이 가능한 규모이다. 하루 1유로의 주차비용을 내면 이용할 수 있고 장기로 주차하려면 월 이용권 10유로, 연간 이용권 80유로를 내면 된다.[28] 3층으로 된 원형 건물에는 자전거 주차장, 자전거 수리점, 그리고 자전거 대여 및 투어 안내 사무실 등 자전거 이용에 필요한 여러 시설들이 마련되어 있었다. 이곳에는 VCD 협동조합 VerkehrsClub Deutschland e.V.도 들어와 있는데, 1986년 이후로 버스 및 기차 운전자, 자전거 운전자, 보행자 등 환경 친화적인 이동을 하는 이들을 위해 노력해 온 단체이다. 자전거를 대여해 시티 투어를 즐길 수 있는 프로그램도 있다. 시민과 더불어 여행자에게도 걸어다닐 수 있는 도시, 자전거로 여행할 수 있는 도시로 프라이부르크는 꽤 인기가 높았다. 그리고 자전거가 내 몸에 맞도록 수리할 수 있는 공방도 보였다. 그 외에 시민들의 커피와 식사를 위한 헤르만 카페도 있고, 옥상에는 태양광 패널도 설치되어 있었다. 자전거 역이 원형의 건물이기 때문에 옥상에서 360도 파노라마로 펼쳐지는 시내 풍경을 감상할 수 있었다.

자전거 문화가 발달되어 있어 전 세계 시민들의 부러움을 사고 있지만, 시 당국과 시민단체들은 자전거 이용이 더 확산될 수 있도록 노력하고 있다. 자전거 도로를 넓히고 촘촘하게 네트워크화 하는 프로젝트는 자전거만으로도 도시를 완벽하게 이동할 수 있도록 하기 위한 것이다.

---

28 라트슈타치온의 주차비용은 2023년 기준이다.

라트슈타치온의 입구에서 본 모습

　이러한 정책이 매력적인 것은 정책과 캠페인이 동시에 이루어지며 모든 시민이 함께 한다는 것이다. 자전거 문화가 불편함 없이 정착될 수 있었던 것은 동선을 파악하고 시뮬레이션화 하는 등 철저한 연구의 결과이다. 그리고 시행되는 동안 어떤 문제점이 생기면 개선해 나갈 수 있도록 피드백 시스템도 잘 갖춰져 있다. 이것은 시 교통과와 연구자들의 공로라고 할 수 있다. 하지만 여기에는 시민들의 높은 참여의식도 배놓을 수가 없다. 자전거를 이용하면서 도로의 정체 상황, 동선의 파악, 노면의 문제점 등 현장을 파악하고 전달하며 대안을 제시하는 것은 시민들의 몫이자 힘이기 때문이다. 그래서 자전거 시티맵은 시 의회와 도시연구자들의 결과물이자 시민들의 결실이다.

마지막으로 분트^{BUND}를 비롯하여 ADFC(자전거 교통의 지속적인 촉진에 전념하는 교통 정책 협회), 그리고 친환경적이고 안전한 이동을 위해 노력하는 VCD 협동조합 등 많은 시민단체의 노력도 깃들어 있다. 그들은 정책과 시민 사이에서 교육을 이어가고 서로 연대할 수 있도록 중추적인 역할을 하고 있다.

프라이부르크 시가 하나의 정책을 실현해 나가는 모습에는 배워나가야 할 점이 많아 보였다. 특히 모두가 함께 연대하고 활동할 때 모든 시민들이 공평하게 누릴 수 있는 도시가 된다는 점을 알 수 있었다.

자전거 네트워크 플러스

프라이부르크에서는 '자전거 콘셉트 2020^Radkonzept 2020^'에 총력을 기울여 왔다. 2013년 4월 프라이부르크 시의회는 2020년을 목표로 자전거 프로젝트를 만들었다. 그 내용은 자전거 통행량을 30% 더 늘리고 자전거 사고를 줄이려는 계획이었다. 여기에는 150개의 프로젝트가 포함되었는데 자전거 우선 도로의 지정, 자전거 사고를 줄이기 위한 도로의 개선, 자전거 도로를 연결하는 네트워크화 작업 등의 내용이 들어 있었다.

자전거 시티맵 ©freiburg

이 정책은 원활하게 시행되어 당초 예상했던 2020년이 되기 전에 목표를 달성하였다. 하지만 여기서 멈추지 않고 시 의회에서는 자전거 도로를 추가 지정하고 자전거 도로를 연결하는 작업을 계속 확대해 나가고 있다. 자전거 시티맵은 누구나 이용할 수 있으며 지금도 계속 업데이트되고 있다.

프라이부르크는 다음 목표로 '자전거 네트워크 플러스RadNETZ plus'를 연구 실행하고 있다. 이에 따라 선보인 자전거 네트워크 지도를 살펴보면 도심에서 외곽으로 뻗어나가는 4개의 자전거 고속도로가 신설되었고 5곳에는 추가로 자전거 우선 도로가 지정되었다. 자전거 고속도로는 도로의 폭, 병목 현상, 곡선도로나 교차로 등을 꼼꼼히 고려하여 도시와 안전하게 연결되어 있다. 밤에도 상관없이, 계절과도 관계없이 자전거를 이용하는 데 불편하지 않도록 하고, 다른 지자체의 자전거 도로와도 연결되어 있다. 이러한 자전거 네트워크의 확대에 대해 프라이부르크는 자전거를 이용하는 많은 사람들을 지원하기 위해 노력을 멈추지 않는 정책일 뿐이라고 밝혔다.

한편 유럽의 도시와 마을에서는 일주일 동안 열리는 자전거 행사가 있다. 바로 '유럽 모빌리티 위크EUROPEAN MOBILITY WEEK'인데, 매년 9월 16일에 시작하여 9월 22일 끝난다.[29] 유럽 모빌리티 위크는 '지속 가능한 도시 이동성 계획SUMP : Sustainable Urban Mobility Plan'을 위한 여러 프로젝트 중 하나이다. SUMP는 도시 교통 문제를 해결하고 미래의 에너지와 교통 문제, 도시문제를 해결할 수 있는 방안을 모색하고 있다.

---

29 유럽 모빌리티 위크 행사에는 유럽을 넘어 세계 여러 나라의 도시도 참여가 가능하다. 2022년 한국에서는 수원, 순천, 진주가 참여하였다. https://mobilityweek.eu/

‘유럽 모빌리티 위크 2023’ 행사의 주제는 에너지 절약이다. 국제 상황과 전쟁으로 인해 에너지 비용이 높아지고 있어 사회 불평등 현상도 발생하고 있다. 그래서 에너지 효율적인 이동과 운송에 대한 지식과 아이디어, 이니셔티브를 모으는 것이 행사의 주된 내용이다. 이 행사가 열리는 주간에는 일부 자동차 도로가 폐쇄되고 시민들이 걷거나 자전거를 타면서 의견과 아이디어를 나누며 지속 가능한 이동 방식을 실현해 보게 된다. 전 세계인들이 신청만 하면 자신의 도시에서 행사를 펼칠 수 있다. 참가자는 해마다 점점 더 늘어나고 있는데 2022년 유럽 모빌리티 위크 행사에는 51개국 2989개 마을과 도시가 참여했다.

2023년 유럽 모빌리티 위크

Plusenergie-Klimahäuser
in Schallstadt

Gesundes Wohnen und Arbeiten

Die Plusenergie-Klimahäuser von SolarArchitekt Rolf Disch setzen ein Zeichen für konsequenten Klimaschutz – bei höchstem Wohnkomfort und gesundem Raumklima, mit gemeinschaftlich nutzbarer Infrastruktur und niedrigen Nebenkosten, in schöner, stadt- und naturnaher Lage.

- 1- bis 5-Zimmerwohnungen
- Exklusive Penthäuser
- Cluster-Wohnungen
- Büros und Praxen
- Ateliers
- Ladengeschäfte

Solarsiedlung GmbH
Sonnenschiff
Merzhauser Straße 177
D-79100 Freiburg

Dr. Tobias Bube
0761 / 459 44 – 36
tobias.bube@solarsiedlung.de
www.klimahäuser-schallstadt.de

5. 태양의 도시

- 모두를 위한 에너지 전환 -

"우리는 태양, 바람, 조수 등 자연의 무한한 에너지원을 사용해야 합니다. 연료를 얻기 위해 주위의 울타리를 자르는 농부와 같습니다. 저는 태양과 태양 에너지에 투자하겠습니다. 얼마나 큰 힘의 원천입니까! 이 문제를 해결하기 위해 석유와 석탄이 고갈될 때까지 기다릴 필요가 없기를 바랍니다."

- 토마스 에디슨Thomas Edison

중앙역의 태양 에너지 타워

프라이부르크는 태양의 도시이다. 독일 남부 지역에 위치하여 연간 1700여 시간이 넘는 풍부한 일조량을 자랑한다. 이러한 온화한 기후는 풍성한 농작물을 재배하고 태양 에너지를 생산하기에 적합하다. 프라이부르크 대학은 태양 에너지 기술과 연구로 세계 최초의 "태양 대학^{die solar-universität}"으로 널리 알려졌고 프라이부르크의 프라운호퍼 연구소^{Fraunhofer Institute for Solar Energy Systems}는 유럽에서 가장 큰 태양 에너지 연구 기관으로 자리잡았다. 또한 유엔이 공인한 국제 태양 에너지 협회^{ISES: International Solar Energy Society}의 본부도 프라이부르크에 있다. 이처럼 미래의 기후중립을 위한 태양 에너지는 프라이부르크에서 집중적으로 연구되고 있다.

자전거 다리 비빌리브뤼케 위에서 프라이부르크 중앙역을 바라보니 높이 솟은 수직의 빌딩이 보였다. 전체 유리로 된 19층의 건물은 프라이부르크 뮌스터의 첨탑을 제외하면 도시에서 가장 눈에 띄는 높은 건물이다. '태양의 타워'라는 뜻의 졸라투름^{Solarturm}은 건물 자체가 태양광 발전소이다. 건물에는 총 240개의 태양광 모듈이 부착되어 있어 매년

24,000kWh의 전기를 생산하고 있는데, 남부 독일에서 가장 많은 전력 생산량을 자랑한다. 졸라투름은 프라이부르크가 태양의 도시임을 말해 주는 상징과도 같으며 환경 랜드마크이다. 이 태양광 발전 시스템은 2001년 바덴뷔르템베르크 주에서 '태양광 건축상photovoltaic architecture prize'을 수상했다.

프라이부르크에서는 패시브하우스를 넘어 세계 최초로 플러스에너지 하우스를 선보였다. 한편으로는 태양광 시설과 태양 에너지 타워 등을 통해 도시에서 소비되는 에너지를 '생활' 속에서 생산하는 방식도 선보였다. 그중에서 중앙역의 졸라투름만큼이나 세계의 이목이 집중되었던 태양 에너지 건물 중에는 드라이잠 경기장Dreisamstadion이 있다. 이 경기장은 최초의 태양광 경기장으로 2,200m²의 면적에서 연간 275,000kWh의 전기를 생산했다. SC 프라이부르크 팀의 홈구장이었던 이곳은 한때 태양의 경기장이라는 이름으로 불렸다.[30]

리하르트 페렌바흐 직업학교의 태양 에너지 타워 ⓒfreiburg

30 드라이잠 경기장은 이후에 공식적으로 슈바르츠발트 경기장으로 이름이 바뀌었다. 그리고 2021년 10월 오이로파-파크 경기장(Europa-Park Stadion)이 지어졌고 새로운 SC 프라이부르크 홈 경기장이 되었다.

리하르트 페렌바흐 직업학교^{Richard-Fehrenbach Gewerbeschule}에도 태양 에
너지 타워가 있다. 12m의 나선형 구조로 된 건물에서 생산되는 에너지
는 학생들의 교육 실습실 공간에서 사용되고 있다. 직업학교에는 최첨
단 태양열 냉난방 시스템과 수력 발전소도 설치되어 있어 많은 양의 에
너지를 생산하고 있다. 직업학교는 에너지 기술 분야에서 전문적인 교
육기관이 되었으며, 필요한 에너지를 직접 생산하는 방식은 다른 학교
로 확대되고 있다.

그 외에도 프라이부르크에서 가장 큰 태양열 시스템^{Energieberg Eichelbuck}
인 시민의 집은 2010년 '기후보호 연방 수도'로 우승을 차지하는데 큰
기여를 했다. 프라이부르크는 현재 70여개 이상의 에너지 발전 시스템
프로젝트를 시행하고 있는데, 이렇게 대규모 경기장뿐만 아니라 주차
장, 공공기관, 학교, 호텔 등 도시의 많은 건물에서 에너지를 생산하고
있다.

메세 전시장의 태양광 시스템 ⓒfreiburg

시민을 위한 에너지 전환 캠페인

독일의 에너지 사용량은 난방 시스템이 대부분을 차지하고 있다. 그래서 기존 주거 건물의 경우에도 에너지 효율성을 높이고 에너지를 절약하는 시스템으로 전환하기 위해 캠페인을 벌이고 있다. 시민들이 생활하고 있는 주거환경을 한꺼번에 빠른 시간 안에 바꾼다는 것은 쉬운 일이 아니다. 따라서 프라이부르크 시는 이를 시민과 함께 진행하고 있으며, 시의 정책이기는 하지만 시민과 함께하는 캠페인으로 보고 있다. 이러한 열린 커뮤니케이션은 '전 인류가 함께 한다'는 모토를 반영하고 있다.

당신의 지붕, 더 많은 것을 할 수 있어요 ⓒfreiburg

프라이부르크의 에너지 전환을 위한 캠페인 중 '당신의 지붕, 더 많은 것을 할 수 있어요^{Dein Dach kann mehr}' 캠페인[31]은 각 가정마다 지붕에 태양광 발전 시스템을 갖추도록 하는 것이다. 프라이부르크만큼 태양 에너지 시스템을 많이 갖춘 곳도 없겠지만 더 많은 건물로 확산시키기 위한 캠페인이다. 일반 주택 등 건물의 지붕에 아직 태양광 발전 시스템이 없는 곳을 중심으로 캠페인을 실시하고 있다.

에너지 캐러밴 ⓒfreiburg

에너지 캐러밴^{EnergieKarawane} 캠페인[32]은 주택 개조를 통해 에너지를 절약할 수 있도록 한다. 주택을 방문해 태양열 에너지 시스템을 점검하고, 에너지 전환이 필요한 곳을 찾아내어 리노베이션에 대한 상담을 해 주고 있다. 특히 에너지 절약을 위한 캠페인의 경우, 각 가정마다 컨설턴트가 방문해 전기, 수도, 난방 등 어느 부분에서 절전이 가능하며, 리노베이션

---

31 지붕에 태양광 발전 시스템을 설치하는 캠페인에 대한 내용은
https://www.freiburg.de/pb/1071692
32 에너지 캐러밴에 대한 내용 참조 https://www.freiburg.de/pb/1734319

을 통해 얼마나 에너지를 절약할 수 있는지를 상담해 준다. 만일 수리가 필요하다면 프라이부르크와 바덴뷔르템베르크에서 추진하고 있는 지원도 받을 수 있도록 하고 있다. 에너지 캐러밴은 프라이부르크 남쪽의 문칭엔Munzingen, 티엥겐Tiengen, 오핑엔Opfingen 마을에서 이미 백여 명이 넘는 시민들이 캠페인에 참여했으며 점차 확대되고 있다. 시민을 위한 에너지 전환은 2050년까지 계속될 것이다.

녹색 기차역

프라이부르크 중앙역으로 들어갔다. 슈바르츠발트의 티티제로 가는 티켓을 문의하러 들렀는데, 이미 눈이 내려 기차가 운행되지 않는다고 했다. 아쉬움이 컸지만 프라이부르크 중앙역의 환경을 살펴보는 기회를 얻었다.

독일의 철도청 방침에 따라 프라이부르크의 기차역도 에너지 관리 시스템으로 운영되고 있었다. 기차역 내의 조명은 에너지 효율이 높은 LED 램프를 사용하고 에너지 소비 현황을 전반적으로 모니터링하고 있었다. 에너지 낭비를 막기 위해서 노후화된 시스템을 교체해 나가고 있는데, 특히 단열 시설을 점검하고 교체하고 있는 중이었다. 이러한 에너지 전환 방법만으로도 기차역의 에너지 소비량은 2010년에서 2019년까지 22% 감소했다고 한다.[33] 뛰어난 에너지 시스템 기술을 위한 연구도 중요하지만 에너지를 절약하는 것도 에너지 전환의 일부분임을 증명해 주고 있었다. EU는 2050년까지 재생 가능 에너지로 대체하겠다고 밝혔지만 사실 이러한 결과가 가능하려면 현재 에너지 소비량의 50%를

---

33   독일철도청(DB)의 에너지 관리 시스템에 대한 내용은 www.bahnhof.de

절약한다는 것을 전제로 한다. 그러므로 에너지 절약은 그 어떤 새로운 프로젝트나 신기술보다 매우 중요한 일이다. 그래서 독일 철도청은 다음과 같은 메시지를 전하고 있다.

"에너지 절약은 최고의 기후 보호입니다."

기차는 기후 변화를 극복할 친환경적인 이동 방식이다. 그래서 독일 철도청은 자동차나 비행기를 이용하는 대신 더 많은 사람들이 기차로 전환할 수 있도록 돕고 있다. 예를 들어 독일 프랑크푸르트에서 오스트리아 빈으로 이동할 경우 비행기 대신 기차를 이용한다면 1인당 평균 온실가스 배출량은 킬로미터 당 214g에서 4g으로 줄어든다고 한다.[34]

기차의 소음을 줄이는 장치 ©freiburg

---

34 위와 동일

독일 철도청은 기차의 '녹색 변신^{Grüne Transformation}' 프로젝트를 실시하고 있다. 그 내용을 보면 '기후보호, 자연보호, 자원보호, 소음 공해로부터 보호' 등으로 나누어 진행 중이다. '기후보호'를 위해서는 2040년까지 탄소의 배출량 제로와 재생에너지 전환을 목표로 하고 있다. 그리고 '자연보호'를 위해서는 생물 서식지 보호, '자원보호'에서는 2040년까지 완전한 순환경제 시스템을 목표로 하고 있다. 또한 저소음 제동 기술로 인구의 절반 가까이 피해를 입고 있는 '소음 공해로부터 보호'하기 위해 노력하고 있다.

그 외에도 현재 친환경 교통정책으로 미래의 기차역^{Zukunfts-bahnhöfe} 프로젝트를 진행하고 있다. 독일에 있는 16개의 기차역을 대상으로 오로지 전기 에너지만으로 기차가 운행되고 기차역이 운영될 수 있도록 시범적으로 실시하고 있다. 2023년을 목표로 진행되고 있는 프로젝트가 성공하면 앞으로 독일의 모든 철도역이 잇따라 전환될 예정이다. 모토는 다음과 같다.

"다음 정차역은 미래입니다."

지속 가능한 여행

프라이부르크는 시민을 위한 환경정책뿐만 아니라 도시를 방문한 여행객을 위해서도 지속 가능한 방식의 환경을 마련하고 있다. 여행을 하는 동안 탄소발자국을 남기지 않도록 지속 가능한 이동방식을 제안하고 일회용 플라스틱을 포함해 제로 웨이스트 등을 권하고 있다. 또 도시 곳곳에 친환경 숙소도 마련되어 있는데, 그 중 대표적으로 환경상을 받은 빅토리아 호텔과 보봉 마을 입구의 그린시티호텔이 있다. 이들이 친환경적으로 숙소를 운영하는 방식은 두 가지에 집중되어 있다. 바로 에너지를 낭비하지 않는 생활방식과 에너지를 생산하는 방법이다.

우리는 프라이부르크 중앙역에서 구시가지로 돌아가기 위해 아이젠반 거리Eisenbahnstraße로 들어섰다. 이 길은 콜롬비 공원Colombi Park으로 이어지는데 맞은편에 150년의 역사를 지닌 빅토리아 호텔이 보였다. 2000년에 세계 최초로 환경상을 수상한 호텔은 옥상 정원에 있는 태양광 시스템을 트레이드마크로 삼고 있다.

빅토리아 호텔은 1870년에 문을 열었다. 운영 초기에 에너지 소비량을 살펴본 결과 연간 60가구가 소비하는 전력량과 주택 15가구가 난방으로 사용하는 열량이 소비되고 있다는 걸 알게 되었다고 한다. 그래서 1985년부터 이 어마어마한 에너지 소비량을 친환경 에너지로 전환하기 시작했고[35] 1999년에는 전력 수급을 직접 생산하기 위해 지붕에 태양열 시스템을 설치했다. 약 200제곱미터의 호텔 지붕에 대형 태양광 시설을 설치하여 연간 약 20,000kWh의 에너지를 생산할 수 있게 되었다. 4개의 새로운 풍력 터빈이 추가로 설치되어 풍력 에너지도 생산하고 있다. 호텔에서 필요한 나머지 에너지양은 풍력 발전 단지에 회원으로 참가하여 녹색 에너지를 공급받고 있다.

빅토리아 호텔 입구의 포스터

이어 호텔은 에너지 낭비를 막고 에너지를 절약하는 시설을 마련했다. 호텔 전체에 삼중 단열창과 방음창을 설치하고 에너지 절약형 단열재를 사용했다. 난방 및 온수를 위해서는 지역에서 구할 수 있는 목재 펠릿

---

35 빅토리아 호텔의 내용 참조 https://www.hotel-victoria.de/

난방을 이용했다. 이러한 시설 교체만으로도 기존에 비해 에너지 사용량은 60%가 절감되었다. 한편으로 쓰레기 배출 제로에도 도전했다. 호텔에서 사용되는 포장재를 없앴고 카페나 바에서는 캔 음료도 두지 않았으며 재사용이 가능한 병, 재생 종이 등을 사용했다. 이러한 친환경적인 노력으로 탄소발자국이 줄어들었고, 그 결과 2013년에 친환경 브랜드로 선정되면서 최고 등급(A)을 받았다. 2005년부터는 에코 경영 시스템EMAS[36] 인증도 받아서 '친환경 관리 및 감사 체계'로 운영되고 있다.

빅토리아 호텔은 지속 가능한 이동방식에 대해서도 고려했다. 손님에게 지역의 대중교통을 이용하도록 제안하고 무료로 교통권을 제공했다. 호텔에 자전거를 비치해 주변을 이동할 때는 자전거를 이용하거나 걷는 것을 추천하고 있다.

GSTC 로고

2010년 유엔 재단에서는 비영리기구 GSTC^{Global Sustainable Tourism Council}를 통해 지속 가능한 여행 및 관광을 위한 표준을 발표했다.[37] 지속 가능한 경영, 사회·경제적 영향, 문화적 영향, 환경적 영향 등이 기준이고, 관광지에는 저마다 고유한 문화와 환경, 법과 관습 등이 있기 때문에 현지

36 EMAS는 에코 경영 시스템(Eco-Management and Audit Scheme)의 약자로 독일을 시작으로 유럽으로 확산된 환경경영인증제도이다.
37 비영리기구 〈세계 지속 가능한 관광협의회(GSTC)〉의 내용 참조 www.gstcouncil.org

의 상황에 맞게 기준을 재설정하고 보완할 수 있다. 지속 가능한 관광을 실천하는 기업이나 기관에는 국제 인증을 제공하고 있다.

앞으로의 여행은 친환경적이고 지속 가능한 방식을 고려하게 될 것이다. 이동방식뿐만 아니라 머물 숙소도 지속 가능한 에너지를 사용하는 건물인지, 에너지 절약을 위해 어떤 실천 항목이 있는지를 미리 알아보는 것이 좋을 것이다. 또 지역의 생산자와 연결된 음식인지, 제로 웨이스트를 위해 노력하는 숙소인지 등도 체크해 본다면 여행하는 중에도 탄소발자국을 줄일 수 있을 것이다.

기후중립 정책

유럽은 '2050년 기후중립^{Klimaneutralität}'을 목표로 달려가고 있다. 이 정책은 1994년 덴마크 울보르에서 이루어진 협정에 영향을 받았다. 1992년 '지구 온난화 방지 협약'과 '생물다양성 보존 협약'이 이루어졌던 '리우 협약 의제 21'에 따라 유럽 연합이 환경을 위해 개발한 행동 프로그램이다. 여기에는 40개국 이상이 참가했고 3,000여개의 지자체 및 개인이 모여 울보르 헌장$^{Aalborg Charter}$에 서명하면서 지속 가능성을 실천해 나가기로 결의했다. 오늘날까지 유럽 각국의 환경정책에는 울보르 헌장의 정신이 고스란히 담겨있다.

당시 독일에서는 울보르 협정 때 84개의 지자체와 개인 및 단체가 참여했다. 프라이부르크도 울보르 헌장에 따라 1996년 기후 협정을 발표했는데 2010년까지 CO_2 배출량의 25%를 감소시킨다는 내용이었다. 이후 2014년에는 2030년까지 CO_2 배출량 50% 감소, 2050년까지 100% 감소한다는 내용을 수정 보완했다.[38] 2021년에는 '기후 보호법 ^{Klimaschutzgesetz}'이 통과됨에 따라 2030년까지 65% 감소, 2050년까지는 CO_2 배출량을 100%까지 감소한다고 발표하였다.

---

[38] 프라이부르크 시 사이트의 내용 참조 https://www.freiburg.de/

이러한 기후중립 정책에 대해 프라운호퍼 연구소^{Fraunhofer ISE}가 발표한 <태양 에너지 시스템을 위한 프라운호퍼 연구소>를 살펴보면 독일에 재생 에너지를 완전 공급하는 것은 기술적으로 이미 가능하다고 밝혔다. 즉 앞으로 향후 30년 동안 재생 에너지의 안정적인 공급이 가능하다는 것이다. 재생 가능한 에너지에는 태양광(열)과 풍력이 가장 큰 비중을 차지하고 있다. 여기에는 기후 위기로 인한 변동과 불가능한 비율까지 포함되어 있다. 그러면 어떻게 가능한 것일까.

그동안 독일은 <원자력법 19차 개정안>[39]에 따라 핵발전소 폐기의 수순을 밟아왔다. 그리고 2023년 4월 16일 0시에 마지막 원전의 불을 끄면서 탈원전에 성공했다. 이로써 독일은 1961년 원전 가동을 시작한 이후 62년 만에 탈핵의 역사를 이루었다.

반핵운동의 마크인 웃는 태양 Die Lachende Sonne

---

39 원자력법 19차 개정안(Entwurf eines Neunzehnten Gesetzes zur Änderung des Atomgesetzes)에 대한 내용은 독일 연방의회 사이트 참조 https://www.bmuv.de/

프라이부르크의 환경역사는 반전 평화운동에서 시작되었다. 시민들의 반전, 반핵운동은 점차 환경운동으로 이어졌다. 1975년 프라이부르크와 가까운 빌^{Wyhl}에서 원자력 발전소가 건설되기 시작했을 때 프라이부르크 대학의 많은 학생들과 지역의 농부, 포도주 양조업자들이 대거 반핵운동에 참여했다. 수십 년 동안 이어져 온 반핵 평화운동은 오늘날에도 프라이부르크에서 살아 숨 쉬고 있다. 대표적으로 2010년부터 '반핵 프라이부르크$^{Anti-Atom-Freiburg}$' 단체는 독일의 탈핵운동에 크게 기여해 왔다. 이처럼 프라이부르크는 전 세계에서도 반핵운동의 선두에 서서 활동하고 있다.

프라이부르크가 태양의 도시로 이름을 알리게 된 데에는 일찍이 이러한 반핵 운동의 역사가 있었기 때문이다. 시민들은 원자력 에너지를 포기하는 대신 태양에너지를 선택했다. 이러한 시민들의 의지와 노력, 시의회의 정책 등이 모여 오늘날 태양의 도시, 프라이부르크가 되었다.

프라이부르크는 기후중립 정책에 따라 '모두를 위한 에너지 전환'에 날개를 달았다. 재생에너지 생산을 늘리고 에너지 효율성을 높이는 동시에 시민 모두가 에너지 절약을 실천해 나가고 있다. 프라이부르크는 미래의 에너지 시스템 전체를 희망적으로 만들어 나가고 있다.

6. 숲의 도시

- 슈타트가르텐에서 슈바르츠발트까지 -

"나무를 자르기 전에
누가 우리에게 가을을 선물하는지 생각해 봐요.
숨바꼭질 할 때 어디에 숨나요?
새들의 집은 어디인지 떠올려 보세요.
바람의 목소리는 어디에서 들려오나요?
양들의 우산이 무엇일지 생각해 보세요. ⋯
나무를 자르기 전에 잠깐 멈춰 보세요.
그리고 숨을 들이켜 보세요,
왜냐하면
나무의 생명이 여러분의 생명이니까요."

- 아리안나 파피니[Arianna Papini]

수목보호법

슈바르츠발트 Schwarzwald의 자락에 위치한 프라이부르크는 숲의 도시이다. '검은 숲'이라는 뜻을 가진 슈바르츠발트는 북부의 슈투트가르트에서부터 남부의 프라이부르크에 이르기까지 바덴뷔르템베르크 주에 장대하게 펼쳐져 있다. 그 중에서도 프라이부르크는 '슈바르츠발트의 수도'로 불리며 도시의 남동쪽에 자리한 산맥으로부터 물과 나무의 축복을 듬뿍 받고 있다.

우리는 가을이 깊어갈 무렵 프라이부르크에 도착했기 때문에 한여름의 녹음이 가득한 숲은 보지 못했다. 하지만 가문비나무 숲과 색색의 낙엽송이 어우러진 아름다운 풍경을 만날 수 있었다. 도시 곳곳에는 녹지공간이 잘 조성되어 있어 '그린시티 프라이부르크'임을 실감할 수 있었다. 그동안 도시를 돌아보며 여러 공원을 만났지만 이번에는 프라이부르크의 가장 대표적인 녹지공간을 찾아가 보기로 했다. 옛 공원묘지에서 슈타트가르텐, 그리고 슐로스베르크까지, 구시가지에서 슈바르츠발트의 산자락까지 가 볼 예정이다.

옛 공원묘지를 보기 위해 구시가지로 향하는 합스부르거 거리 중간쯤에서 방향을 바꾸어 야코비 거리^{Jacobistraße}로 들어섰다. 눈발이 조금씩 날리는 중에도 우편배달부가 자전거로 편지를 배달하고 있었다. 주위를 보니 많은 사람들이 눈이 내리는 데도 아랑곳하지 않고 자전거를 타고 각자 볼일을 보러 가고 있었다.

거리 초입에 들어서니 나무 한 그루를 자르고 있는 모습이 보였다. 시에서 나온 사람들이 사다리차를 타고 올라가 나무를 베고 있었다. 동네 할머니 한 분이 그 모습을 지켜보고 있어 한동안 함께 서서 바라보았다. 수목보호법이 있는 프라이부르크에서 나무를 자르는 광경은 흔한 일이 아니기 때문이다. 거리의 나무를 그냥 쓸모없는 물건 마냥 잘라 전봇대처럼 만들었다가는 이 도시에서는 큰일 나는 것이다.

프라이부르크의 수목보호법^{Baumschutzsatzung}[40]은 도시의 수목을 보호하고 동식물의 서식지 공간을 유지하여 생물 다양성을 보존하기 위해 제정되었다. 수목보호법 제2조를 보면 보호 대상인 나무에 대해 설명하고 있는데, 기본적으로는 수간(樹幹) 둘레가 80cm 이상인 나무, 성장이 느린 나무는 40cm 이상이 보호 대상이다. 수간 둘레 50cm 이상인 나무가 적어도 다섯 그루 이상 열을 지어 서 있다면 역시 보호 대상이다. 수간이 겹쳐 있는 경우에도 마찬가지인데 이럴 때 비오톱이 형성되어 생태계가 더 살아나기 때문이다. 이처럼 수목보호법에는 보호 대상인 나무의 조건에 대해 아주 구체적으로 명시되어 있다. 이 행정법을 어기면 25,000 유로에서 의도성에 따라 최고 50,000 유로의 벌금이 부과된다.

---

40   수목보호법에 대한 내용은 https://www.freiburg.de/pb/233212

수목보호법에 대해 좀 더 살펴보면, 토지를 매매할 경우에는 우선 백지에 나무의 위치와 크기를 그린 후 매매를 진행한다. 집을 지을 때도 도시 개발을 진행할 때에도 수목을 표시한 설계도에 따라 단지를 조성하거나 도로를 건설해야 한다. 또한 자신의 소유지 안에서 필요에 의해 나무를 베어버렸다고 해도 자부담으로 다시 심어야 한다. 이것은 프라이부르크에서는 의무로 정해져 있다. 개인적인 소유권보다 공공의 권리를 우선시하기 때문이다.

수목보호법에 따라 나무를 보호하는 도시

수목보호법은 기후중립에 기여하기 위해 탄소포집원으로써 나무(숲)를 더욱 엄격히 보호하고 있다. 100년 된 활엽수 한 그루는 연간 4500kg의 산소를 제공하고, 온실가스를 연간 150kg 고정시키며, 미세먼지 1톤 정도를 제거할 수 있다. 더불어 공기를 정화하고 습도를 조정할 뿐만 아니라 여름의 열섬도 완화시켜 준다. 수목은 홍수나 폭우에도 빗물을 흡수하고 지층에 천천히 스며들게 해 재난을 막는 역할도 한다. 프라이부르크 시에서는 몇 년 동안 조사와 연구를 통해 도시의 비오톱 지도를 완성해 두었기 때문에 어느 곳에 생태계가 활성화되어 있는지, 어느 부분에서 비오톱을 연계해야 하는지를 모두 파악하고 있다. 그러므로 자신의 소유라 할지라도 나무 한 그루를 함부로 베어 없애 버렸다면 그건 활성화되어 있는 비오톱을 가위로 싹둑 끊어버리는 것과 마찬가지인 것이다.

지금 눈앞에서 나무 한 그루를 자르고 있는 풍경은 이 도시에서는 매우 희귀하다. 그러면 눈앞의 상황은 무엇일까? 허용되는 경우도 있다. 제5조에는 예외 조항이 제시되어 있다. 나무가 병들거나 자연 재해로 쓰러진 경우, 동절기 교통사고의 문제가 생길 수 있다고 판단한 경우, 해충이나 곤충 및 곰팡이균 등에 의해 나무가 썩은 경우 등으로 더 이상 보호가 필요치 않다고 판단한 경우이다. 하지만 나무 전체를 베어내는 경우에서부터 부분적으로 가지만 잘라내는 경우까지 모두 전문가의 감정 후 진행하게 되어 있다. 만일 쓰러진 나무라도 생태계에 효과적이라면 그대로 두는 경우도 있기 때문이다. 프라이부르크 시내에서 수목보호법에 대해 생각해보는 귀한 경험이었다.

옛 공원묘지

유럽의 묘지는 공원을 겸한 경우가 대부분이다. 프라이부르크에서는 공원묘지를 조성할 때 장의사, 교회 관계자, 조각가 등이 함께 진행한다. 그리고 특별히 정원사를 두어 조성하고 관리하기 때문에 더욱 멋진 공원을 자랑하고 있다. 도시 중심에 있는 묘지는 장례식이나 추모를 위한 곳이지만 정원과 시민공원의 역할도 하고 있다. 오늘날에는 수목장을 실시함에 따라 공원묘지는 산림구역으로 변모되어 울창한 도시 공원의 모습을 갖추고 있다.

오래 전부터 프라이부르크에는 옛 공원묘지^{Alter Friedhof}가 자리하고 있었는데, 도시의 인구가 증가하자 1872년에 중앙 공원묘지를 새로 건립하였다. 그 이후 세상을 떠난 이들은 프리트호프 거리에 새로 만들어진 프라이부르크 중앙 공원묘지^{Hauptfriedhof Freiburg}에 잠들어 있다. 세계대전으로 희생된 이들도 이곳에 묻혔다. 중앙 공원묘지는 성당의 파사드 같은 입구와 넓은 공원, 그리고 예배당을 갖추고 있다. 1927년부터 크리스마스에는 봉헌당 앞에서 캐롤을 연주했는데, 1944년 폭격이 있었던 해와 2020년 코비드-19 팬데믹 기간에만 중지되었다고 한다.

프라이부르크 중앙 공원묘지

　우리는 작은 길을 따라 옛 공원묘지로 들어갔다. 수목이 울창한데도 햇살이 잘 들어오는 공간이었다. 이곳에서 우리는 19세기 이전 유럽의 옛 장례 문화에 대해 짐작할 수 있었다. 십자가와 묘비, 그리고 거기에 새겨진 문구들을 통해 시대마다, 가문마다 죽음에 대한 애도가 조금씩 다르게 표현되어 있었다. 공원묘지 끝에서 성 미하엘 카펠레^{St.} Michaelskapelle를 만났다. 하얀 지붕에 갈색 벽돌로 단아하게 지어진 성소를 배경으로 십자가와 예수상이 서 있었다. 영원한 안식처인 이곳에 잘 어울리는 작은 카펠레였다.

　옛 공원묘지는 1683년에 건립되어 2세기 동안 묘원으로서의 역할을 다하고 이제 시민공원으로서 옛 모습을 그대로 간직하고 있다. 이렇게 여전히 옛 모습을 간직하게 된 데에는 그만한 이유가 있었다.

옛 공원묘지의 카펠레

유명한 프라이부르크 건축가이자 예술가인 요한 크리스티안 벤칭거 Johann-Christian Wenzinger의 유언 덕분이었다. 그는 세상을 떠나면서 전 재산을 프라이부르크에 기부했는데, 그가 원한 것은 두 가지였다. 하나는 그가 이곳에 묻히는 것이었고 또 하나는 공원 묘지로 영원히 남아 있게 해 달라는 것이었다. 그렇게 한 바로크 예술가의 뜻으로 도시개발에 휘말리지 않고 옛 모습 그대로 남아 묘원이자 공원으로서 시민들의 소중한 장소가 되었다.

슈타트가르텐

슈타트가르텐의 가을 풍경

옛 공원묘지에서부터 걸어왔기 때문에 슈타트가르텐^{Stadtgarten}의 뒤쪽 입구로 들어오게 되었다. 잘 조성된 꽃길과 작은 연못을 보니 공원이 아니라 정원으로 부르는 이유를 알 것 같았다. 수면 위로는 청둥오리들이 조용히 헤엄치고 있고, 그 주위로는 나뭇가지들이 수면까지 드리워져 있었다. 한 노인이 명상을 즐기며 그 풍경 속에 앉아 있었다. 다양한 식생으로 조성된 산책길에는 음악 공연이 열리는 파빌리온^{Musikpavillon}도 보였다.

정원 한가운데에 이르자 구시가지가 있는 방향으로 뮌스터의 첨탑과 입구로 이어진 아치형의 다리, 칼스슈테크^{Karlssteg}가 보였다. 남서쪽에 있는 칼스 광장^{Karlsplatz}에서 정원으로 넘어올 수 있게 만든 보행자 전용다리이다. 136m가 넘는 이 다리는 도시 850주년을 기념하여 건립되었다.

슈타트가르텐에서 보이는 성당과 다리

슈타트가르텐은 1889년에 슐로스베르크의 산자락을 공원에 포함시키면서 조성되었다. 1944년에는 폭격으로 큰 피해를 입는 바람에 재건이 늦어졌고 슐로스베르크로 올라가는 케이블카도 1914년에 계획되었지만 1960년대에 와서야 건설되기 시작했다. 이렇게 시민들의 공원으로 자리잡은 것은 오래되지 않았지만 슈바르츠발트가 시작되는 숲을 끼고 있어 매우 중요한 공간이다.

산악 케이블카^{Schlossberg-Bahn} 입구가 나왔다. 케이블카는 공원에서부터 언덕 위 80m 지점에 있는 레스토랑 다틀러^{Dattler}까지 운행된다. 최대 25명까지 탈 수 있고 특히 휠체어와 유모차를 사용하는 시민들이 편안하게 오를 수 있다.

티켓 판매소는 오늘 쉬는 날이라 문이 닫혀 있었다. 케이블카가 운행하지 않는 대신 그만큼 방문자들이 적어 공원은 한적하고 여유를 느낄 수 있었다. 입구에는 슐로스베르크를 산책하거나 트래킹하는 이들을 위해 다양한 코스가 지도에 안내되어 있었다. 공원 안에 있는 마르셀 카페에서 진한 커피 향이 흘러나왔지만 우리는 나무 내음이 가득한 숲으로 발걸음을 옮겼다.

슐로스베르크

해발 464m인 슐로스베르크^{Schlossberg}는 '언덕 위의 성'이라는 뜻이다. 이는 1091년경 채링엔^{Zähringen} 가문이 이곳에 로마네스크 양식의 성을 건설하면서 도시가 형성되었기 때문이다.

슐로스베르크 입구

이후 프랑스가 점령했던 17세기에 요새 건축가 보봉이 요새를 지었고 그 흔적은 아직도 산 속에 남아있다.

언덕을 오르자 수령이 오래된 나무들이 크고 우람하게 서 있었다. 예쁜 색감으로 물든 나뭇잎들이 수관의 넓이만큼 가득 떨어져 있었다. 수관을 중요하게 여겨 가지를 자르지 않았기 때문에 나무들은 큰 날개를 활짝 펼친 듯 뻗어 있었다. 앞으로도 몇 백 년을 성장할 나무들이다.

슐로스베르크는 슈바르츠발트의 서쪽 경사면에 있다. 산악지대가 도시의 평야 지대와 처음으로 만나는 곳에 슈타트가르텐과 슐로스베르크가 있기 때문에 생태계 보존에 매우 중요한 역할을 한다. 1954년부터 이 일대는 '경관 보존지역'으로 지정되어 있어 학계의 많은 연구자들과 환경 단체들이 찾는 곳이다. 전문 연구 기관은 수종을 관리하고 지리와 생태를 연구하여 지자체와 시민단체가 지속적으로 보존지역을 관리해 나갈 수 있도록 도움을 주고 있다. 또한 환경단체와 시민들은 포도농장과 목초지 관리, 도마뱀 서식지의 보호, 야생화를 위한 돌담의 관리 등 다양한 활동을 통해 숲을 보호하고 있다.

슐로스베르크를 보호하기 위해 2016년 '생물 다양성을 위한 숲, 목초지, 정원Wald, Weide und Garten für Biodiversität' 프로젝트가 시작되었다. 그런데 놀랍게도 이는 학생들의 창의적인 제안으로 시작되었다고 한다. 예전 이곳에 동물들을 방목한 흔적을 학생들이 발견하고 목초지를 조성하는 것이 생물 다양성 보존을 위해 효과적일 것이라고 제안한 것이다. 학생들은 이 프로젝트를 진행하면서 과수원을 만들고, 마른 돌담을 쌓고, 고목 주변으로 서식지도 만들어 나갔다. 여기에는 전문가들의 교육이 함께

했으며 활동 전체에 유엔의 지원도 잇따랐다. 이 프로젝트는 유엔이 생물 다양성 보존을 위해 선언한 '유엔 생물 다양성 10년^{die UN-Dekade}[41]'에 기여한 공로로 '프로젝트 상'을 받았다.

유엔 생물 다양성 10년 로고

숨가쁘게 산등성이를 올라와 보니 1882년에 문을 연 다틀러^{Dattler} 레스토랑 앞에 산악 케이블카가 정차되어 있었다. 잠시 숨을 고르며 산 중턱에서 시내 정경을 감상했다. 그 풍경에는 단연 프라이부르크 뮌스터의 첨탑이 제일 높이 솟아 있었다. 좀 더 걸어가 슐로스베르크 전망대 ^{Aussichtsturm Schlossberg}로 올라갔다. 2002년 완공된 전망대는 타워 형식으로 바닥이 훤히 보이는 나선형 계단이어서 아찔했다.

그래도 전망대에 서 보니 도시의 정경뿐 아니라 멀리 산자락까지 훤히 보였다. 맑은 날씨에는 프랑스의 보주^{Vosges}까지 보인다고 한다. 산꼭대기에는 십자가 하나가 홀로 서 있어 뮌스터의 첨탑과 마주보고 있었는데, 자매결연을 맺은 인스부르크의 십자가^{Innsbrucker Kreuz}였다. 그동안 흐렸던 하늘이 갑자기 개면서 성당 첨탑 위로 파란 하늘이 펼쳐졌다.

---

41 유엔은 2010년 12월 22일, 국제 생물다양성의 해(2010)를 맞아 생물 다양성이 감소되는 것을 막기 위해 2011년~2020년까지를 "유엔 생물 다양성 10년(United Nations Decade on Biodiversity)"으로 선언했다.

슐로스베르크에서 보이는 뮌스터 첨탑

 슐로스베르크를 내려오는 길에도 안내판이 보였는데 가장 짧은 코스 4km에서부터 길게는 10km에 이르기까지 하이킹 코스가 설명되어 있었다. 프라이부르크 슐로스베르크 협회Kuratorium Freiburger Schlossberg에서 만든 것이었는데, 프라이부르크 시민들이 만든 협회로 슐로스베르크를 보호하고 알리는 역할을 하고 있다. 시민들은 슐로스베르크를 프라이부르크의 '녹색 허파'라고 부르며 소중히 관리하고 있다. 협회가 전해주는 메시지도 매우 큰 울림을 주었다.

 "생태 및 경관의 보호와 고고학적인 기념물의 보호는 동일한 우선순위를 가지고 있습니다."[42]

---

42 프라이부르크 슐로스베르크 협회 https://www.kuratorium-schlossberg.de/

슐로스베르크 협회에서 만든 안내판

생태계를 보호하는 것과 문화재의 보호를 동등하게 여긴다는 내용은 얼핏 보면 무척 놀라운 태도이지만, 문화재와 환경은 보존하여 다음 세대에 전달될 수 있어야 하므로 그 정신이 같아야 함을 이해할 수 있었다. 협회는 만일 해산하는 날이 온다면 모든 것은 그대로 프라이부르크 시로 이전한다는 말도 덧붙였다. 이러한 협동조합의 정신이 시민 사회를 이끌어가고 있음을 다시 한 번 확인할 수 있었다. 그리고 도시는 시민들의 공동체로 존재해야 한다는 것도 새삼 느낄 수 있었다.

슐로스베르크를 내려오자 도로 위로 건널 수 있는 나무다리Schwaben-torsteg가 보였다. 다리를 건너니 바로 시내의 슈바벤토어로 이어졌다. 멀리서 빨간 트램이 천천히 달려와 슈바벤토어의 아치문으로 들어가자 자전거 몇 대가 바퀴를 굴리며 그 뒤를 따라갔다.

슈바벤토어와 나무 다리

"약 6,400헥타르의 프라이부르크에서 43%가 숲으로 이루어져 있습니다. 그리고 도시의 동쪽에 슈바르츠발트가 있습니다. 이러한 천혜의 자연 조건을 갖춘 프라이부르크가 녹지보호정책을 펴는 것은 어쩌면 당연한 일입니다. '녹색 허파'로 불리는 이 녹지공간은 도시를 정화시키고 CO_2를 감소시켜 기후 보호에 기여하고 있습니다. 1954년부터 경관 보호 지역인 슐로스베르크를 위해 지속 가능한 녹지 관리에 힘쓰고 있습니다."[43]

---

43 위와 동일

프라이부르크의 녹지정책

슈바르츠발트^{Schwarzwald}는 지형적으로 독일의 바덴뷔르템베르크 주에 걸쳐있는 숲과 산악지대로서 북부 슈투트가르트^{Stuttgart}에서부터 남부 프라이부르크까지 6,009.2km²로 장대하게 펼쳐져 있다. 프라이부르크는 그 남쪽 끝에 위치해 있으며, 주위에는 슈바르츠발트에서 가장 높은 산인 1493m의 펠트베르크^{Feldberg}와 해발 1000m 이상의 산들이 둘러싸여 있다. 해발 850m에는 빙하에 의해 만들어진 호수 티티제가 있다.

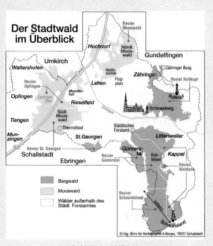

프라이부르크 식생 분포도

프라이부르크 시 산림청에서 제작한 지도를 보면 도시를 둘러싼 식생을 한 눈에 살펴볼 수 있다. 초록색의 짙은 정도에 따라 숲^{Bergwal} > 이끼 숲^{Mooswald} > 도시 밖 숲^{Walder außerhalb des stadt}으로 이루어져 있다. 프라이부르크를 중심으로 보면 남동쪽에 슈바르츠발트의 산악지대가 펼쳐져 있고 서쪽에는 라인 강이 흐르고 있다. 도시의 삼림 중 슈바르츠발트가 60%를 차지하고 있고 평야 지대에는 물의 흐름과 기온에 따라 낙엽수와 침엽수가 골고루 분포하고 있다. 이러한 도시의 식생을 관리하는 것은 생물 다양성을 유지하는 데 매우 중요한 역할을 하고 있다.

2001년부터 시행되고 있는 프라이부르크의 산림협약^{Freiburger Waldkon-} vention[44]은 식생을 관리하고 보존하는 데 중요한 역할을 하고 있다. 여기에는 자연의 보전, 산림의 보호, 도시 산림에 대한 보호 기준 등이 마련되어 있다. 산림협약은 프라이부르크의 녹지정책에 있어 기준이 되고 있다. 그 내용을 잠시 살펴보자.

 1. 보호 기능 : 숲은 도시에서 가장 중요한 자연 생태계이며 프라이부르크의 생물 다양성 보존에 중요한 역할을 한다. 숲은 동식물뿐만 아니라 기후, 물, 깨끗한 공기, 토양 비옥도, 경관에도 매우 중요한 역할을 한다.

 2. 효용적 기능 : 숲은 재생 가능한 원료인 목재의 생산 및 이용을 통해 도시와 지역에 경제적 이익을 가져다준다.

 3. 숲의 여가 및 사회적 기능 : 도시 숲은 프라이부르크와 주변 지역에 거주하는 사람들에게 중요한 휴양지이다. 도시 숲은 산림 교육의 대상이자 장소이며 프라이부르크의 지속 가능한 발전을 위한 교육에 매우 중요한 역할을 한다.

---

44 프라이부르크 산림협약에 대한 내용은 https://www.freiburg.de/pb/235068

4 숲의 기후 보호 기능 : 도시 숲을 관리하는 것은 산림과 나무에 탄소를 저장하는 일이며, 에너지 및 자재로 사용하여 이산화탄소 배출을 방지함으로써 기후 보호에 크게 기여한다.

숲은 일반적인 기능 이외에도 기후중립을 위해서도 중요한 역할을 한다. 탄소 흡수원으로써 숲은 중요한 역할을 하므로 프라이부르크는 삼림 벌채, 화재, 토지 변경 등으로 숲이 훼손되는 것을 방지하기 위해서도 노력하고 있다. 또한 농장, 도시공원, 가로수 등의 녹지 공간을 연결하여 다양한 생물 서식지를 활성화시키는 데에도 노력하고 있다.

지속 가능한 공동체 보봉 마을

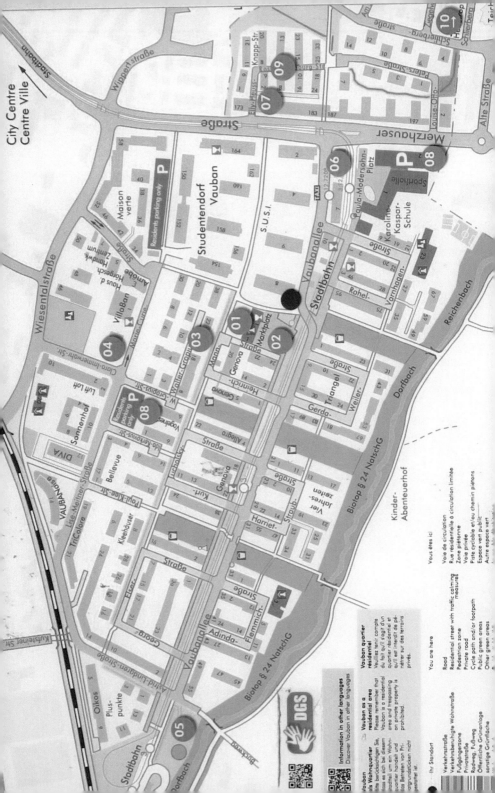

보봉 마을 지도

*** 보봉 마을의 장소

하우스 037(Haus 037) ①
알프레드 되블린 광장(Alfred Döblin Platz) ②
최초의 패시브하우스 단지(Passivehaus, 1999) ③
보봉 열병합발전소(Blockheizkraftwerk Vauban)) ④
버드나무 궁전 녹지(Grünfläche mit Weiden palast) ⑤
그린시티 호텔 보봉(Green City Hotel Vauban) ⑥
플러스에너지 하우스-조넨쉬프(Sonnenschiff) ⑦
보봉 마을 주차장(Quartiersgaragen Vauban) ⑧
졸라지드룽(Solarsiedlung) ⑨
헬리오트롭(Heliotrop) ⑩

*** 보봉 마을의 거리

- 오렌지색 : 도로
- 하늘색 : 교통 안정화 주거 거리
- 보라색 : 보행자구역
- 분홍색 : 개인 도로
- 흰색 : 자전거 길과 걷는 길
- 진초록색 : 공공 녹지 공간, 운동장
- 연초록색 : 그 외 녹지 공간

*** 보봉 마을의 건물

- 오렌지색 : 주거 건물
- 빨간색 : 공공건물
- 황색 : 상업용 건물
- 파란색(P) : 주차 공간
- 동그라미 : 정거장

7. 보봉 마을의 교통 정책

"프라이부르크의 보봉 마을을 방문했을 때
우리는 미래에 승리할 거라는 느낌을 받았습니다. …
우리가 방문한 (보봉 마을은) 2030의 풍경입니다.
차가 전혀 없는 곳입니다.
나무가 많고 공기가 좋습니다.
매우 놀랍고 아름다운 곳입니다.
눈을 감고 차 소리가 들리지 않고
새소리가 가득한 공간을 느껴 보세요."

– 롭 홉킨스Rob Hopkins

보봉 마을에 도착하다

보봉 마을은 프라이부르크 구시가지에서 남쪽으로 대략 3-4km 정도 떨어져 있다. 보봉 마을로 들어가기 위해 구시가지에 있는 베르톨츠브루넨^{Bertoldsbrunnen} 정류장에서 3번 트램을 탔다. 트램 안 전광판에는 보봉 마을의 종점까지 모두 7개의 정거장이 있으며 12분 정도 걸릴 거라고 안내해 주었다. 구시가지에서 상당히 가까운 거리에 있는 셈이다. 트램은 마르틴스토어^{Martinstor} 안으로 미끄러지듯 들어가더니 곧장 남쪽을 향해 달려갔다. 드라이잠이 흐르는 다리가 보였다. 여기까지가 카이저 요셉 거리이다. 창밖으로 보이는 드라이잠은 폭이 넓고 유량이 풍부했다. 도시의 중심을 가로질러 흐르고 있지만 한적한 전원의 풍경 같았다. 역사적인 성 요한 성당^{Johanneskirche}이 바로 보이는 걸 보니 구시가지를 완전히 벗어난 듯했다.

어느덧 창밖으로 낯익은 건물이 보였다. 지붕이 배처럼 생겼다고 하여 흔히 '선 쉽'이라고 부르는데 독일어로 '조넨쉬프^{Sonnenschiff}'이다. 바로 태양열 시스템을 갖춘 플러스에너지 하우스이다. 여기서 트램은 오른쪽으로 방향을 꺾었다. 지금까지 메르츠하우저 거리^{Merzhauser Straße}로

내려오던 트램이 드디어 보봉거리^{Vaubanallee}로 들어선 것이다. 여기서부터가 보봉 마을이다. 보봉 마을은 대중교통인 트램 라인을 만들기로 미리 계획했기 때문에 트램이 마을 한 가운데로 관통해 들어가고 있는 것이다. 프라이부르크 도시에서도 가장 지속 가능한 공동체, 보봉 마을을 드디어 만나게 되었다.

보봉 마을의 첫 번째 트램 정거장은 '파울라 모더존 광장^{Paula Modersohn Platz}'이다. 19세기 독일의 여성 화가를 기리는 이 광장을 지나자 트램은 바로 다음 정거장에 도착했다. '보봉 중심 지구^{Vauban-Mitte}'이다. 우리가 내리자 트램은 다음 정거장이자 종점인 '인스부르크 거리^{Innsbrucker Straße}'를 향해 갔다. 이렇게 보봉 마을에는 총 세 개의 트램 정거장이 있다.

정류장에 내리니 광장에 마을 안내판이 보였다. 보봉 마을 전체를 보여주는 지도가 반가웠다. 각 구역마다 생태 주거단지로서의 특징이 설명되어 있었다.[45] 독일어, 영어, 프랑스어 등 여러 언어로 설명된 걸 보니 그만큼 전 세계의 많은 사람들이 보봉 마을을 방문하는 것 같았다. 우리는 특별히 번호가 붙어 있는 곳을 체크하면서 탐방 계획을 세웠다.

우리가 서 있는 곳은 알프레드 되블린 광장이고 광장에 있는 건물은 하우스 037이다. 보봉 마을의 회관에 해당하는 곳으로 보봉 마을의 상징과도 같은 곳이다. 광장 뒤쪽으로 보이는 주택단지는 1999년에 건설된 독일 최초의 패시브에너지 하우스 단지이다. 트램이 지나는 오렌지색 거리가 보봉거리^{Vaubanalle}인데, 보봉거리를 중심으로 북쪽 주택단지에

---

45 보봉 마을의 지도 및 설명은 '보봉 주택협동조합'을 참조 https://stadtteil-vauban.de/

'차 없는 거리'가 조성되어 있었다. 길 건너 남쪽 단지 끝에는 마을에서 소중히 여기는 개울이 흘러가고 있다. 거기까지가 보봉 마을의 경계이다. 개울 근처에는 생태놀이터와 공원들도 있었다.

보봉 마을 동쪽을 보면 방금 구시가지에서 트램이 내려온 메르츠하우저 거리가 있고 건물들이 늘어서 있다. 그런데 정확히 말하자면 메르츠하우저 거리 건너편은 보봉 마을에 해당되지 않는다. 하지만 보봉 마을의 에너지 공급을 책임지고 있고, 롤프 디쉬가 만든 세계 최초의 플러스 에너지 하우스가 있기 때문에 꼭 돌아볼 예정이다. 보봉 마을 안내판에는 그 특성을 파악할 수 있도록 색깔에 따라 나누어져 있다. 우리는 먼저 그 색깔이 안내하는 보행자 중심의 거리와 교통 안정화 거리를 찾아가 보려고 한다.

교통 안정화 거리

보봉 마을의 교통정책은 '지속 가능한 이동 방식'에 집중되어 있다. 이는 도보, 자전거, 대중교통 중심의 이동방식을 말한다. 이를 실현하기 위해서 보행자 우선 거리, 차 없는 마을, 근거리 도시 만들기에 집중하고 있다. 이는 독일을 포함한 유럽의 미래 교통정책이며 프라이부르크의 가장 앞선 상징적인 환경정책이라고 할 수 있다. 그 중에서도 보봉 마을은 미래의 교통정책을 일찍부터 적용한 마을이다.

거리의 색깔을 통해 마을의 교통정책을 살펴보면, 지도 가운데에 세 개의 길이 나란히 있다. 가운데 오렌지색의 보봉거리는 버스나 자동차가 다닐 수 있는 도로이고 이와 함께 평행선으로 트램 라인이 이어져 있다. 그리고 트램 라인 옆으로 보라색으로 된 보행자 거리가 있다. 보행자 전용 거리는 자동차가 들어올 수 없는 거리이자 주거 단지가 시작되는 곳이다. 일렬로 가로수를 심어 안전 공간을 마련하고 동시에 소음을 차단했다.

보봉 마을의 교통 안정화 구역

보봉거리의 북쪽에 있는 주택단지에는 '교통 안정화 주거 거리'와 '자전거 길 또는 걷는 거리'가 조성되어 있었다. 서쪽의 파울 클레 거리^{Paul Klee Straße}에서부터 동쪽의 발터 그로피우스 거리^{Walter Gropius Straße}까지는 모두 교통 안정화 구역으로, 이는 마을 주민이 자신의 집을 나가는 순간부터 동네를 한 바퀴 돌아도 차의 위험에 노출되지 않는다는 뜻이다.

우리는 먼저 북쪽 단지 안으로 들어갔다. 골목에 들어서니 교통 안정화 구역 마크가 바닥에 표시되어 있었다. 이 낯익은 그림은 '본엘프 도로 표지판'이다. 앞서 살펴본 바대로 네덜란드 본엘프^{Woonerf}에서 시작되어 오늘날 보행자 중심의 거리에서 확인할 수 있는 '교통 안정화^{Verkehrs-beruhigte} 구역'을 표시하는 그림이다. 아이들이 자전거를 타거나 안심하고 걸어 다닐 수 있다는 뜻이다.

주택 주변으로 곳곳에 자전거 주차장이 마련되어 있었다. 집 앞이나 현관에도 자전거가 세워져 있어 주민들이 자전거를 많이 이용한다는 걸 알 수 있었다. 집 앞에서 자전거를 타고 구시가지까지 간다면 가장 편리하고 빠른 이동방식일 것이다. 왜냐하면 자전거 도로가 네트워크화 되어 있어 끊어지지 않고 한 번에 이동할 수 있기 때문이다. 만일 자동차를 이용하면 주차장까지 200m 정도 걸어가야 하고 일방통행인 도로를 빠져 나가 구시가지까지 가려면 많은 시간이 소요된다. 더구나 구시가지로는 차가 들어갈 수 없으니 주변에 비싼 주차요금을 지불하고 걸어 들어가야 한다.

프라이부르크는 1990년대부터 주거지역 제한속도를 30km로 적용한 데 이어 아이들이 안전하게 놀이를 즐길 수 있고 모든 연령대가 만날 수 있도록 교통 안정화 구역을 확대해 나갔다. 보봉 마을의 경우처럼 초기 도시 개발 계획 단계에서부터 실행할 수도 있고, 기존 거주지역일 경우는 주민들이 원한다면 투표를 통하여 교통 안정화 구역으로 전환할 수 있다. 골목에는 인도와 차도를 구분하는 턱이 없다. 그래서 인도와 차도를 만드는 재정도 그만큼 절약할 수 있다.

주민들은 보봉 마을 계획 단계에서부터 이러한 교통정책을 선택했고 삶의 여유와 풍요로움을 누리고 있다. 보봉 주민들은 자동차의 편리함을 버리는 것이 아니라 자동차를 버림으로써 삶의 편리함과 쾌적함을 얻은 것이다. 주민 스스로 더 나은 생활환경을 선택했기 때문이다.

보봉 마을의 교통 안정화 구역

주차장과 차 없는 마을

보봉 마을에서는 처음부터 자동차를 일절 금지하거나 포기하는 '카 프리car-free' 정책은 적용하지 않았다. 이러한 정책은 주민이 평생 차를 소유하지 않아야 하고 만약 가지게 되면 전출해야 하는 등 주민에게 부담을 주는 정책이었다. 그래서 건설 초기 단계에서부터 포럼 보봉 단체는 마을에 차를 줄이는 '카 리듀스car-reduce' 정책을 계획했다. 이는 차가 주택지로 들어오기 어려운 구조를 만들어 차가 주민의 일상에 개입하는 정도를 감소시키는 정책이다. 즉, 주택 단지 안에 일방통행로를 만들고, 걷는 정도인 10km로 속도를 제한하며, 차가 통과할 수 없는 교통 금지 거리를 만들어 자동차 운행을 불편하게 만들었다. 이러한 거리의 조성이 가능했던 것은 주민들이 주택 건설 초기 단계에서 도보와 자전거 타기 및 대중교통의 이용을 선택했기 때문이다.

프라이부르크에서는 도시 개발을 계획할 때 인구밀도를 미리 조사한다. 버스정류장은 반경 300m 권내 1500명이 주거하는 경우, 트램은 반경 400m 권내에 3000명이 거주해야 설치할 수 있다. 그래서 보봉 주택단지의 경우에는 인위적으로 인구밀도를 조금 높게 설정함으로써 보봉 마을 가운데로 트램이 통과하도록 계획하였다. 카 리듀스 정책의 연계로 계획한 교통정책은 성공적이었다. 지금도 보봉 마을의 70%가 트램 권내 500m 안에 거주하고 있다.

그렇다면 보봉 마을에는 주차장이 없을까. 보봉 마을 주택 단지 안으로는 차가 들어올 수 없으니 차 없는 마을은 맞는 말이다. 하지만 좀 더 정확하게 말하면 앞서 차 없는 마을인 '카 프리' 정책은 쓰지 않았고, 차를 줄인 '카 리듀스' 정책을 적용하였다고 하였다. 그러므로 보봉 마을 주민들 중에도 당연히 차를 소유한 주민이 있다. 즉 보봉 마을 주민 중에 차를 소유하고 있는 사람, 앞으로 소유할 수도 있는 사람, 지금은 차를 소유하지 않았지만 나중에 주차장을 포함하여 매매하고 싶은 사람 등은 주차권을 구매하여 주차장을 이용할 수 있도록 했다.

도로변에 있는 태양광 발전 주차장

이러한 주민들은 단지 안이 아니라 바깥쪽 큰 간선도로변에 설치된 주차장에 주차할 수 있다. 보봉 마을 안내 지도에는 주차장에 대해 다음과 같은 설명이 곁들여져 있었다.

> "지역 이동성 개념의 일부로 태양광 차고와 유리로 된 차고는 (마을을 방문한) 손님을 위한 주차 공간을 제공하기 위해 건설하였습니다. 또한 차 없는 (카-프리) 거리에 살고 있지만 차를 소유한 주민들을 위한 주차장이기도 합니다. 태양광 발전소가 두 주차장 모두에 설치되어 있습니다."

현재 보봉 마을 지도에는 세 곳의 주차장이 표시되어 있다. 하나는 북쪽 단지 끝에 있고 동쪽에 있는 메르츠하우저 거리 쪽으로 두 군데가 있다. 바깥 도로변으로 주차장을 건설했기 때문에 마을 안으로는 차가 들어올 일은 없다. 또한 주거지에서 200m 이상 떨어진 곳에 주차장을 둠으로써 불편한 이동방식을 만들었다. 교통 정책 연구자인 오스트리아의 헤르만 크노플라허Hermann Knoflacher는 미래의 교통정책에 대해 다음과 같이 말했다.

> "우리는 두 가지 가운데 한 가지를 선택해야 합니다. 자택에서 주차장까지의 거리를 수백 미터로 할 것인지, 아니면 적어도 800만년의 인류 진화의 역사를 출발점으로 되돌릴 것인지, 어느 쪽이든 하나를 선택해야 합니다."[46]

---

46 무라카미 아쓰시, 《프라이부르크 마치즈쿠리》, 한울아카데미, 2009

차 없는 생활 협동조합

그동안 시민들은 차를 소유한 사람을 위해 사회적 비용을 감수해 왔고 차를 소유하지 않는 사람들에게는 아무 혜택도 돌아가지 않는 것을 당연하게 여겨왔다. 그래서 차가 없는 사람이 자동차를 위한 여러 시설을 간접적으로 지원하고 있는 기존의 도시의 상황을 개선해야 했다. 보봉 마을에서는 차가 있는 사람이 부담해야 하는 비용을 높이고 차 없는 사람들이 혜택을 누리도록 차이를 만들었다. 이를 선도하고 실현한 것이 바로 '차 없는 생활 협동조합'[47]이다.

'차 없는 생활 협동조합Verein für autofreies Wohnen e.V.'은 차를 소유하지 않는 사람이 회원이 될 수 있는데, 만일 나중에 차가 필요할 경우에는 조합을 탈퇴하면 된다. '차 없는 생활 협동조합'은 독일환경기금을 지원받아 자동차가 없는 회원들에게 많은 혜택을 제공했다. 조합원에게 발행한 패키지에는 카 셰어링 회원권, 독일승차권 반액 회원권, 대중교통 연간 정기권이 들어 있다. 차 없는 회원들이 대중교통과 연계하거나 카 셰어링

---

47 '차 없는 생활 협동조합'의 내용에 대해서는 https://www.autofrei-verein.de

을 이용할 수 있도록 하기 위함이었다.

그런데 '차 없는 생활 협동조합' 회원에게는 주차장이 필요 없으므로 이를 위한 토지는 회원들의 몫으로 남았다. 여기서 차를 소유하지 않은 주민에게 주차장 토지가 있다는 것은 무엇일까. 독일의 주 건축법에 따르면 매매계약서에는 한 세대 당 최소 한 대에 해당하는 주차장 토지가 포함되어 있는데 자신의 토지 안에 주차장을 만드는 것은 금지되어 있다. 그래서 사실상 차를 소유하고 있지 않은 주민들도 주차장 토지를 가지고 있는 셈이다.

2006년의 경우를 살펴보면 '차 없는 생활 협동조합'에는 450 세대가 가입되어 있다. 회원들은 함께 모여 주차장 토지를 녹지공간으로 탈바꿈하기로 결정했다. 트램의 종점인 인스부르크 거리와 개울 사이에 있는 주차장 토지는 '버드나무 궁전Weidenpalast'이라는 이름의 잔디공원이 되었다. 공원은 피크닉이나 행사를 위한 커뮤니티 공간으로 거듭났다. '전환도시 프라이부르크Transition Town Freiburg'[48] 커뮤니티에서는 이 버드나무 궁전 터에 도시 텃밭 가꾸기를 시작해 유기농 채소를 함께 가꾸고 있다. 이렇게 보봉 마을은 미래의 지속가능한 공동체의 모습을 보여주고 있다. 만약 앞으로 회원들이 자동차를 소유하는 비율이 높아지면 이곳은 언제든 다시 주차장이 될 수도 있다. 하지만 아마도 그럴 가능성은 없어 보인다. 보봉 마을의 자동차 소유 대수는 줄어들고 있기 때문이다.[49]

---

48 전환도시 프라이부르크(Transition Town Freiburg)의 도시 텃밭에 대해 더 알고 싶으면 http://ttfreiburg.de/mitmachen/urbanes-gaertnern/vauban/
49 보봉 마을의 경우 인구 1000명당 210대 이상이었으나 2009년에는 157대로 떨어졌다. 독일 전역의 차 소유가 1000명 당 500대라면, 프라이부르크는 367대 정도로 낮은 편이다. http://www.vauban-im-bild.de

도시에서 자동차의 운행을 줄여서 교통문제, 에너지 문제, 환경문제가 줄어든다면, 그리고 차가 없어도 도시 생활에 전혀 불편하지 않다면 시민들은 기꺼이 협동조합의 회원이 될 것이다. 갈수록 회원이 늘어나는 것은 이를 증명해 주고 있다. '차 없는 생활 협동조합' 회원들은 차를 줄이면서 불편함을 감수하는 것이 아니라 스스로 차로부터 해방되어 자유로운 생활과 건강한 환경, 그리고 사람과 가까이 지내는 환경을 선택했다.

근거리 이동 도시

프라이부르크의 근거리 이동 방식도 보봉 마을 건설 초기 단계에서부터 적용한 개념이다. 프라이부르크 시가 도시 개발 공모전을 개최했을 때 '직장과 주거의 혼합', '도보, 자전거, 대중교통 우선'이라는 항목을 필수적으로 충족해야 한다는 내용이 들어 있었다.

만일 걸어 다닐 수 있는 거리에 목적지가 있다면, 또는 걸어 다닐 수 있는 반경 안에 생활권을 갖추고 있다면 어떨까. 현대 사회는 갈수록 불필요한 교통량이 늘어가고 있다. 직장이나 학교가 차를 이용해야 하는 곳에 있다면, 마트가 집에서 먼 거리에 있다면 시민들의 이동 범위는 무한히 넓어져서 끝없이 교통수단이 필요하게 될 것이다. 또한 그만큼 에너지가 소비될 것이다. 가까운 거리에 생필품을 위한 작은 가게들을 활성화시키고, '직장과 주거의 혼합'이 실현화된다면 이동 거리는 자연히 줄어들 것이다. 이것이 '근거리 이동 도시 Die Stadt der Kurzen Wege'의 핵심이다.

보봉 마을의 경우를 좀더 자세히 살펴보면 건설 초기 단계에 북쪽 단지를 경상공업지구로 지정하고 남쪽 끝에는 상업시설을 둠으로써 총 600여 명의 일자리를 마련했다. 그 결과 두 번째 항목인 도보, 자전거, 대중교통 우선 정책은 자연스럽게 이루어졌다. 이 차 없는 마을에서는 걷는 주민들이 많아졌고 좀 더 멀리 이동할 때는 자전거를 이용했다. 자전거 도로는 구시가지까지 한 번에 빠르게 이동할 수 있다. 2006년에는 보봉 마을 안으로 트램 3번이 개통되었고 10분이면 구시가지로 나갈 수 있게 되었다. 11번 버스도 보봉 마을 입구와 종점에 정거장이 생겼다. 트램의 배차 간격[50]은 7.5분이고 버스는 15분에 한 대 꼴로 다닌다. 트램 2대에 버스 1대가 정확하게 연계되고 있다. 레기오카르테로 환승이 가능하고 도시 외곽으로의 이동에도 불편함이 없어 교통 체계를 완벽하게 마련하였다.

보봉 마을의 트램 정거장

50 프라이부르크 트램 회사인 VAG 사이트 참조 https://www.vag-freiburg.de/

보봉 마을의 근거리 이동 방식은 2050년을 향한 '기후 이동성 계획'으로 이어지고 있다. 이는 교통문제만 해결하는 것이 아니다. 에너지 문제, 환경문제를 동시에 해결할 수 있다. 나아가 보봉 마을과 같이 주택문제도 해결할 수 있어 도시의 주거문화에 변화를 가져올 수 있다. 그래서 미래의 도시 정책으로 전 세계의 각광을 받고 있다.

8. 보봉 마을의 주민 참여 의식

"작은 샘에서 큰 강이 흘러나옵니다. …
세상을 바꾸는 큰 아이디어도 가장자리에서 탄생합니다.
사회를 변화시키기 위한 위대한 운동은 중앙에서 시작되지
않습니다.
작은 곳에서 시작하여 작은 부분에서 싹트고 자랍니다. …
그러니 스스로 변화가 되고,
변화를 전달하고,
변화를 조직하십시오."

– 사티쉬 쿠마르Satish Kumar

포럼 보봉

보봉 마을은 주택단지를 건설하는 초기 단계부터 주민들이 참여하였다. 주민의 힘이 있었기에 가능한 역사였다. 보봉 마을은 토지 양도에서부터 주택 단지가 건설되어 입주자가 들어오기까지 이 모든 과정을 협동조합 및 주민들과 함께 했다. 보봉 마을이 있기까지 그 중심역할을 해온 단체 포럼 보봉Forum Vauban e.V.을 만나볼 차례이다.

프라이부르크 남서쪽에 리젤펠트 구역이 건설되었을 때 생태 주거 단지가 세워질 거라고 여겼던 이들에게는 아쉬움을 남겼다. 특히 '확대형 주민 참여'와 '차 없는 주거단지'는 절반의 성공이자 절반의 실패를 남겼다. 그러던 중 새로운 주거단지 보봉 마을이 건설된다는 소식은 새로운 기회로 다가왔다. 보봉 마을의 건설 계획을 가장 반긴 이는 바로 마티아스 마르틴 립케Matthias Martin Lübcke였다. 1994년 12월에 7명의 발기인은 자금을 모아 협동조합을 설립했다. 바로 포럼 보봉Forum Vanuban이다. 프라이부르크 카 셰어링 협동조합의 설립자인 마르틴 립케, 주지SUSI[51]의 보비

---

51 주지(SUSI : Selbstorganisierte Unabhängige SiedlungsInitiative): 주택난이 심각했던 당시 보비 그라츠는 옛 병영지를 점거하고 저렴한 주택의 건설과 보급을 요구했다. 주지는 보봉 마을의 4ha에 해당하는 토지에 주택을 건설하였다.

그라츠를 비롯하여 환경운동가, 도시지리학 학생 등이 모여 생태 주거
단지를 위한 초안을 세웠다. 즉 생태에 관한 개념, 사회 복지에 관한 개
념, 경제에 관한 개념, 효율적인 주택지에 대한 개념 등을 세우고 내용
을 구체화시켰다. 처음 7명으로 시작한 포럼 보봉은 얼마 후 60여 명
의 시민이 모였고, 최종 250명의 조합원이 뜻을 함께 하게 되었다. 그
들이 꿈꾼 이상적인 설계안은 놀랍게도 오늘날 보봉 마을에 대부분 담
겨 있다. 포럼 보봉이 세운 생태주거단지의 초안[52]을 살펴보자.

우선 교통정책을 살펴보면 보봉 마을의 가장 큰 특징인 '차 없는 마
을'을 위해 도보, 자전거, 대중교통을 중심으로 한 교통 계획을 세웠다.
즉 마을로 트램과 버스 노선을 확보하기 위해 주거 단지의 인구밀도를
조금 높이는 계획을 세웠고, 인근 500m 거리 내에 주민들의 주거 환
경이 마련되도록 했다. 다음으로 주거단지 안에 자동차가 들어올 수
없도록 계획했다. 보행자와 자전거를 위한 교통 안정화 구역이 만들어
진 것이다. 앞서 살펴본 대로 보봉 마을에 그대로 반영되어 있다. 당시
에도 오늘날에도 선도적인 교통정책이라고 할 수 있다. 녹지 보호와
관련해서는 60년생 이상의 가로수를 한 그루도 베어내지 않고 개발한
다는 내용이 들어 있다. 또한 마을 안의 시냇가를 중심으로 비오톱을
확보하고 가능한 한 아스팔트로 지면을 덮지 않는다는 조항도 덧붙였
다. 사회복지와 관련하여 어린이, 여성, 장애인, 고령자를 배려한 설계
barrier-free도 중요하게 다루었다. 이렇게 해서 '소셜 에콜로지social ecological'
라는 개념이 처음 만들어졌다. 개인이 사회와 환경 전체에 어떤 영향을
미치는지를 연구하며 지속 가능한 사회로 나아가기 위한 가치를 담고
있었다.

---

52 무라카미 아쓰시, 앞의 책

이후 포럼 보봉은 시 의회와 시민 사이에서 커뮤니티 협의를 담당하는 역할을 하게 되어 주택지 선정, 건축 그룹과의 연계, 시민과 전문가들의 포럼 등을 진행했다. 또한 주민과 함께 게노바 주택협동조합^{Genova Wohngenossenschaft Vauban e.g.}을 세워 '확대형 주민 참여'를 실현하는 데에도 큰 역할을 하였다. 시민들은 주거단지를 건설하는 처음부터 참여하게 되었고 전문가들의 강의를 듣고 토론을 이어나가며 자신들이 살 주거단지를 스스로 계획해 나갔다. 이러한 과정에서 포럼 보봉은 <핸드북 보봉>이라는 표준지침서를 발행했다. 그리고 '배우는 계획'이 적용되어 수정 보완 작업을 거쳐 나가며 보봉 마을을 완성해 나갔다.

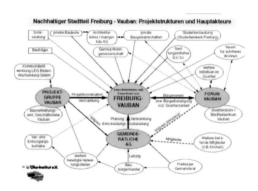

보봉 마을 건설에 참여한 포럼 보봉 ⓒStadtteil Vauban

주택협동조합 보봉

트램 정류장인 보봉 중심지구에 내렸을 때 '게노바'의 간판이 제일 먼저 눈에 들어왔다. 주택협동조합 보봉^{Wohngenossenschaft Vauban}에서 철자를 따서 '게노바^{Genova}'라고 부른다. 간판에는 게노바의 이념과 비전이 적혀 있었다.

주택협동조합 보봉 게노바

"세대를 통합하고, 공동체이고, 배리어 프리를 적용, 자치 정부와 함께, 사회 적 투자로"

포럼 보봉은 건설 초기 단계에서 프라이부르크 시와 은행, 여러 파트너의 협력을 받아 90명의 회원을 모았고, 1997년에 주택협동조합을 설립했다. 게노바는 주택자금문제를 해결하기 위한 프로젝트를 진행했고, 차 없는 생활, 친환경적인 건축, 배리어 프리(고령자, 장애인 등을 위한 시설) 주택 등의 계획을 세웠다.

게노바 회원들의 협의에 따라 건설된 첫 주택단지는 생태주택으로 완성되었다. 태양광 시스템과 빗물 사용 시스템이 구비되었고, 자원을 절약할 수 있는 소재를 사용하였으며, 환경을 파괴하는 재료(복합 재료 및 PVC)는 사용하지 않았다. 이에 성공한 게노바는 직접 생태주택의 개념을 널리 알리며 다음 주택단지 건설을 위한 회원을 모았다. 이렇게 먼저 주택협동조합을 만들고 앞으로 건설될 주택단지의 이웃을 모으는 방식은 매우 이색적인 방식이다. 하지만 자신이 살 집을 계획하고 뜻이 같은 이웃을 모은 후 협동조합을 만들어 설계부터 입주까지, 자신들이 살아갈 환경과 공동체 생활을 계획한다는 것은 매우 이상적이고 바람직한 주택 건설 방법이 아닐까. 결과적으로 게노바는 자신이 살고 있는 마을에 대한 애착심과 공동체 의식을 갖게 하였다. 그리고 이러한 보봉 마을 회원들의 연대의식이 지속 가능한 마을을 유지하는 원동력이 되었다.

보봉 마을은 환경적인 측면뿐만 아니라 소셜 에콜로지의 사회적 개념도 적용되었다. 청년층과 노인, 다양한 계층과 인종이 어울려 사는 공동체 마을을 꿈꾸었다. 2020년 게노바에는 111명의 회원이 가입되어 있고, 여기에는 60세 이상의 노인 23명과 어린이 25명도 포함되어 있다. 2016년에는 아프가니스탄에서 온 난민 가족에게 주거지를 제공했고 그들을 위해 주민들은 독일어 수업을 열었다.

최근에는 새로운 협동조합이 세워졌다. '물푸레나무'를 뜻하는 에셔 협동조합^{Esche e.G.[53]}이다. 프라이부르크 신청사가 들어선 슈튀링어 지역의 클라이네슈홀츠^{Kleineschholz} 지구에 주택단지가 들어설 예정이다. 2019년 47명으로 시작한 협동조합은 2021년 170여명의 회원으로 늘어났다. 이들의 새로운 주택 단지는 5,500m²의 공간에 다양한 크기의 아파트 70채가 들어설 계획이다.

에셔 협동조합의 계획을 보면 보봉 마을보다 더욱 발전된 주거환경 개념이 들어가 있다. '재생 에너지의 사용' 및 '좀 더 적은 수의 자동차 이용' 등 기후중립에 한 발 더 다가가는 건설 목표를 세우고 있다. 초기 단계에서부터 '확대형 주민 참여 방식'이 적용되었고 배리어 프리를 우선으로 하며 주택 구입에 어려움을 겪는 이들을 위한 공동체 주택도 계획하고 있다.

에셔 협동조합의 주거단지는 많은 기대를 모으고 있다. 그건 이미 건설 후 20여년이 지난 보봉 마을에는 노령화, 젠트리피케이션, 주민의식의 부재 등의 문제점이 나타나고 있기 때문이다. 오늘날 도시가 안고 있는

---

53 '에셔 협동조합'에 대해서는 게노바 주택협동조합 사이트에서 '새로운 협동조합 (SozialeGeldanlage)' 항목을 살펴보거나, 에셔 사이트를 방문하면 된다. https://esche-freiburg.de

문제가 보봉 마을에서도 나타나고 있다. 그렇다고 보봉 마을의 목표와 비전이 실패한 것은 아니다. 보봉 마을은 처음부터 완성형의 주거 단지가 아니기 때문이다. 보봉 마을 공동체는 주민들이 모여 회의를 통해 문제를 개선하고 좀 더 나은 환경을 만들어나가고 있다.

에셔 협동조합은 앞으로 보봉 마을을 큰 지침이자 모델로 삼을 것이다. 다시 되돌아가는 계획은 없었다. 이전 리젤펠트에서 이루지 못한 계획은 보봉 마을에서 추진되었고, 이를 기반으로 에셔 협동조합은 미래의 지속 가능성을 향해 좀 더 가까이 다가가게 될 것이다.

알프레드 되블린 광장

보봉 마을의 중심 광장인 알프레드 되블린 광장^{Alfred Döblin Platz}으로 들어섰다. 이 광장의 이름은 독일 문학에 있어서 중요한 위치를 차지하는 작가 알프레드 되블린[54]을 기리기 위해 만들었다. 그는 헤르만 헤세, 토마스 만과 함께 독일의 3대 작가로 알려져 있다. 보봉 마을에는 광장뿐 아니라 거리의 이름에도 독일 예술가들의 이름을 붙여 기념하고 있었다. 특별히 이곳에 알프레드 되블린의 이름이 붙은 이유는 그의 아들인 슈테판 되블린과 주민들의 노력으로 하우스 037 앞의 공간이 주민들의 광장이 되었기 때문이다.

보봉 마을이 완성되었을 때 프라이부르크 시는 이 광장을 도시 개발로 이용하려고 했다. 하지만 보봉 마을 주민들은 마을의 광장이 되기를 바랐다. 그래서 주민들은 서명운동과 캠페인, 언론 보도, 워크숍 개최 등을 통해 이 광장의 중요성을 지속적으로 알렸다. 주민들의 사회운동으로 2007년 광장은 보봉 마을의 커뮤니티 장소가 되었다. 오늘날 알프레드

---

54 알프레드 되블린의 대표작인 《베를린, 알렉산더 광장(Berlin Alexanderplatz)》 (1929)은 독일의 대표적인 작품으로 평가받고 있다.

되블린 광장에는 매주 수요일마다 파머스 마켓이 열리고 축제나 워크숍 등 마을행사가 개최되고 있다. 주민의 자랑이자 상징적인 광장이 된 것이다. 주민들이 스스로 제안하고 함께 추진하며 실행해 나가는 모습은 마을 광장을 통해서도 알 수 있었다. 보봉 마을의 구석구석에는 이러한 주민들의 참여의식을 엿볼 수 있는 많은 이야기들이 숨어 있었다.

알프레드 되블린 광장과 하우스 037

하우스 037

알프레드 되블린 광장 뒤에는 오렌지색 건물 하우스 037^{Haus 037}이 있다. 역시 보봉 마을의 역사에서 빼놓을 수 없는 장소이다. 예전 프랑스 점령으로 보봉 병영지가 들어섰을 때 카지노^{Casino}였던 곳이다. 라틴어로 '오두막'이라는 뜻으로 군인들의 휴식처로 사용되었다. 그리고 앞서 소개했던 포럼 보봉이 생태 주거 단지의 개념을 세우기 위해 모였던 본거지로, 이때 모인 이들은 건축학자, 도시공학자, 환경공학자, 교통공학자, 생물학자, 회계사, 변호사 등 7명의 전문가들이었다. 그들이 마련했던 주거계획은 프라이부르크 시 의회에 승인을 얻었다. 이러한 모임과 토론회는 오늘날에도 하우스 037에서 이어지고 있다. 2001년부터는 '지역센터 보봉 037 협동조합^{Stadtteilzentrum Vauban 037 e.V.}'이 운영을 맡게 되었고 프라이부르크 시와의 장기 임대 계약으로 50년간 사용할 수 있다.

하우스 037 건물에는 큰 홀^{Saal}, 교회 강당^{kirchenräume}, 침묵의 방^{raum der stille}, 예술을 위한 아틀리에^{atelier für kunst} 등의 공간들이 있다. 이곳에서 강의, 파티, 영화 상영 및 연극 공연, 그림 그리기, 명상 등 다양한 활동이

진행되고 있다. 주민들은 예약 스케줄을 확인 후 누구나 신청할 수 있다. 그 외에도 주민들이 전문가와 함께 지식과 정보를 교류하고, 문제 해결을 위한 방안을 모색하는 등 강의와 토론 프로그램이 자주 열리고 있는데, 인종 문제, 환경 문제 등을 포함해 사회에서 일어나는 다양한 논제들을 다루고 있다. 보봉 마을의 센터 역할을 하고 있는 하우스 037은 주민들의 아이디어로 해마다 거듭나고 있다. 이웃과 교류하며 공동체 문화를 활성화시킬 수 있는 주민들에 의한, 주민들을 위한 공간이기 때문이다. 건물에는 1층에서부터 3층까지 넝쿨 식물이 녹색 커튼을 이루고 있고 남향인 건물의 지붕에는 태양광 패널이 설치되어 있었다.

보봉 마을 모임 안내판

하우스 037의 쥐덴 레스토랑

　건물의 1층에는 '남쪽'이라는 뜻의 쥐덴^{Der Süden} 레스토랑이 있어 잠시 들려 보았다. 이곳에서는 지역 농산물을 재료로 신선하고 건강한 채식 메뉴와 독일 전통 식단을 선보인다고 한다. 문을 열고 들어가니 뜻밖에 시끌벅적했다. 현관에는 마을 사랑방답게 소식지들이 한 가득 꽂혀 있었는데, 악기를 배우는 강좌, 명상 프로그램, 강의 안내 등 작은 커뮤니티 모임 소식과 공지 사항 등이 가득 붙어 있었다. 안쪽의 레스토랑 문을 열어보니 빈자리가 하나도 없을 정도로 주민들로 가득 차 있었다. 마을 가운데 위치해 보봉 마을 주민들이 식사나 휴식을 위해 들르기도 하고 교류와 소통의 장으로서도 중심 역할을 하는 곳이었다. 일요일 한낮에 레스토랑은 마을회관처럼 주민들이 모여 이야기꽃을 피우고 있었다. 우리도 마치 보봉 마을의 주민이 된 것처럼 식탁을 함께 하며 음식과 마을에 대한 이야기를 나누었다.

9. 보봉 마을의 생태 환경

"나무여, 그들이 너를 잘라버렸구나.
너는 너무도 낯설고 기이한 모습으로 서 있다. …
나도 너와 같다. 잘려 나가고
고통받은 삶을 떨치지 못하고
날마다 고통을 딛고 일어선다. …
그래도 나의 존재는 파괴되지 않아
나는 자족하고 화해했다.
구천 번도 더 잘린 나뭇가지에서
나는 끈질기게 새 잎을 내민다."

    – 헤르만 헤세^{Hermann Hesse}

보봉 마을의 자연환경

이제 보봉 마을의 남쪽을 돌아보기 위해 마을 한가운데에 있는 보봉 거리를 건넜다. 멀리 종점에서 트램이 초록의 잔디 위로 달려오고 있었다. 주위를 돌아보면 주택들은 잔디와 넝쿨식물로 둘러싸여 있고, 거리와 골목에도 오래된 나무가 우거져 있었다. 남쪽에는 산자락이 펼쳐져 있어 초록의 숲속 안에 형성된 마을이었다. 도심에서 10여분 떨어져 있을 뿐인데도 깨끗하고 신선한 공기를 느낄 수 있었다. 그것은 보봉 마을이 녹지공간을 충분히 확보했기 때문이다.

1995년 보봉 마을 주거단지 계획 공모전에서는 과연 누가 수상했을까. 영예를 안은 회사는 콜호프 앤드 콜호프^{Kohlhoff & Kohlhoff} 건축 설계사무소, 루츠 앤드 파트너 조경 설계 사무소, 그리고 한스 비링거 교통 설계 사무소이다. 독일에서는 주택을 건설할 때 건축, 조경, 교통의 세 파트너가 함께 움직인다. 이 세 회사가 내걸었던 계획에는 녹지정책도 있었다.[55]

---

55 보봉 마을의 공모전 결과에 대해서는 https://www.vauban.de/topics

- 수목 보존 및 … 남쪽 지역에 흐르는 도르프바흐와의 비오톱 형성
- 주택 지구와 열린 공간(녹지)으로의 좋은 접근성

　전체적으로 수목호법에 따라 수령이 오래된 나무를 보호하고 시냇물이 흐르는 도르프바흐를 보존하면서 비오톱 네트워크를 형성하였다. 또한 크고 작은 공원에는 고유의 토착 식물을 심고 생태놀이터를 만들어 작은 생태계도 자연스럽게 연결될 수 있도록 하였다. 또한 주택단지 앞에는 빗물이 흡수되도록 포석을 깔았으며 빗물이 흘러갈 수 있도록 도랑을 만들었다. 녹지정책의 하나인 옥상 녹화와 벽면 녹화는 오늘날 보봉 마을의 풍경을 이루고 있었다.

트램 라인의 녹지화

　보봉거리 옆으로 나 있는 트램 라인은 잔디로 덮여 있었다. 프라이부르크에서는 대부분의 트램 라인이 녹지화 되어 있는데 보봉 마을도 마찬가지였다. 잔디로 조성하는 것은 빗물이 땅으로 흡수되게 하고, 소음을 최소화하며 진동을 억제하는 효과가 있기 때문이다.

녹지화 되어 있는 트램 라인

또 콘크리트로 덮을 경우 생태계가 끊어지기 때문에 비오톱의 활성화를 위해 잔디로 조성하고 있다.

트램 라인과 보행자 전용 거리 사이에는 트램 라인을 높게 만들어 V 라인을 이루고 있다. 이것은 빗물이 흘러내려 아래의 도랑으로 흘러갈 수 있도록 만든 것이다. 이러한 도랑이 곳곳에 조성되어 있는 것은 홍수를 예방하는 좋은 방법이기 때문이다. 프라이부르크는 빙하나 눈이 녹아내리는 봄철에 홍수가 빈번히 일어난다. 그래서 빙하가 녹은 물이나 폭우가 하수관으로 한꺼번에 집중적으로 몰리는 것을 막아 천천히 유입되도록 하기 위해 여러 방책을 세우고 있다. 이러한 녹지화는 가장 효율적인 방책이며, 하수도 시설이나 배관 문제로 인해 발생하는 비용을 절감하는 효과도 있다. 이렇듯 트램 라인의 초록 잔디는 단지 멋진 경관만을 위한 게 아니라 훌륭한 녹지정책의 하나라는 것을 알 수 있었다.

녹색 커튼, 낙엽수를 심어라

남쪽 주택 단지 안으로 들어가니 나무와 넝쿨식물들이 단지를 에워싸고 있었다. 가을이라 곱게 물든 낙엽들이 땅에 한가득 떨어져 있었다. 주택단지 주위로는 벤치와 놀이 공간이 있고 무엇보다 퇴비를 만드는 수거함이 보였다. 마을에서는 잔디나 풀, 나뭇잎이나 가지 등을 이용해 비오톱을 연결하거나 퇴비를 만들기 위해서 모으고 있다. 주택 건물들은 보통 3-4층 높이로 맞추었고 건물과 건물 사이의 간격이 넓어서 집집마다 일조권을 충분히 누리고 있었다. 보봉 마을의 건물에는 단연 옥상 녹화와 벽면 녹화가 눈에 뜨이는데 이 또한 시 자체에서 의무화되어 있는 사항이다. 특히 공공건물은 지붕의 기울기에 따라 유지 관리 방법이 모두 지정되어 있을 정도이다. 2005년 건설된 주택단지의 녹지정책을 살펴보자.

"옥상녹화란 건물이 세워짐으로써 잃어버린 대지를 일부분 자연에 환원하는 방법입니다. … 보봉 마을은 주위가 산으로 둘러싸여 있고 옥상이나 지붕은 건물의 다섯 번째 벽의 역할을 담당합니다."[56]

---

56 무라카미 아쓰시, 앞의 책

냉방과 난방을 조절하는 낙엽수

옥상 녹화가 건물이 차지한 대지를 돌려주는 방법이라니, 대단한 환경 철학이다. 지붕이 생태계를 위한 다섯 번째 벽이라는 관점도 마찬가지이다. 이렇듯 옥상 녹화는 자연 환경과 생태계를 중요하게 여기는 생활 속 정책이다. 무엇보다 먼저 주민들의 일상을 건강하고 풍요롭게 만들어 주고 있다. 지붕의 식물은 미세먼지와 오염물질을 걸러내고 산소를 증가해 공기를 정화시켜 주는 역할을 한다. 겨울에는 난방 역할을, 여름에는 냉방 효과와 습도 조절 효과까지 있어 에너지 절약에도 도움이 된다. 주민들에게 추상적으로만 느껴지는 기후중립이 아니라 일상생활에서 누리고 관리해 나가는 기후중립 정책인 것이다.

벽면 녹화도 마찬가지이다. 주택의 개구부가 30% 이하인 곳에는 의무적으로 녹색 커튼을 드리워야 한다. 식물은 장소에 맞게 선택해야 하는데, 예를 들어 남쪽에 있는 창문에는 햇살이 강하므로 등나무처럼 잎의 밀도가 높은 식물을 심어야 한다. 그래야 여름에는 빛을 차단하여 실내를 시원하고 쾌적하게 유지할 수 있다. 또한 가을에 자연스럽게 잎이 떨어지는 낙엽수를 골라야 한다. 그래야 겨울동안 햇살을 듬뿍 받아 실내를 따뜻하게 유지할 수 있기 때문이다. 그러니 남쪽에 상록수를 심는 것은 상식에 어긋나는 것이다. 벽면녹화에 관해서는 전문가들이 연구한 핸드북이나 참고서가 많이 출간되어 있어 프라이부르크 시민들은 누구나 스스로 관리할 수 있다.

보봉 마을 입구의 호텔 '그린시티 프라이부르크'의 벽면녹화

보봉 마을이 녹지 공간을 중요하게 여기는 것은 공동체의 유대관계를 높이기 위한 이유도 있었다. 그래서 각 개인의 생활공간은 줄이고 함께 이용할 수 있는 공동 공간을 늘렸다. 주택은 한 가구에 두 명에서 세 명이 살기에 적당한 넓이로 계획했고 대신 주민들을 위한 회관이나 텃밭 등의 공간을 확보했다. 여유있는 공원이나 생태 놀이터, 오솔길과 개울이 있는 것도 이러한 이유였다. '차 없는 생활 협동조합'의 주차장은 녹지공간으로 조성되어 생태계도 살아나고 커뮤니티 공간으로 거듭났다. 주민들에게 있어서 녹지 공간은 자연환경을 넘어 이웃과의 유대감을 다지는 중요한 역할을 하고 있었다.

생태 놀이터와 비오톱

남쪽 주택단지에 있는 그륀슈팡에 놀이터^{Spielplatz Grünspange II}에 들어갔다. 이러한 생태놀이터는 여러 곳에 조성되어 있기 때문에 번호로 구분하고 있다. 중간 키 높이의 수목들이 에워싸고 있는 생태놀이터에는 철제나 나무로 된 놀이기구들이 놓여 있었고 바닥에는 흙과 모래가 깔려 있었다. 아이들은 맨발로 뛰어다니며 다람쥐처럼 자유롭게 놀이기구를 타고 있었다. 이러한 생태놀이터나 생태공원은 주택에서 쉽게 접근할 수 있게 동선을 자연스럽게 이어주고 있었다. 놀이터 한편에 나선형 모양으로 나무와 돌이 흩어져 있었는데 이는 비오톱을 위한 것이다. 비오톱이 끊어져 있거나 활성화시키려고 할 때는 이렇게 돌을 나선형이나 낮은 담 형태로 만들고 작은 꽃이나 풀을 심어두면 생태계가 이어진다.

한편에는 퇴비통^{Biotonne}도 보였는데 음식물 쓰레기, 가지치기한 관목, 나뭇잎, 깎은 풀이나 잔디 등을 모아 퇴비로 만든다고 적혀 있었다. 보봉 마을에 살고 있는 아이들은 가을이면 나뭇잎이나 가지 등을 모아 직접 울타리도 만들고 퇴비도 만든다고 한다. 아이들의 고사리 손에도 마을 관리가 맡겨져 있어 훌륭한 환경교육이 되고 있다.

보봉 마을의 퇴비통

프라이부르크 시에서는 녹지정책에서 비오톱의 중요성을 강조하고 있다. 비오톱Biotop은 '생물이 서식하는 공간'이라는 뜻인데, 생명Bios과 장소Topos를 합하여 만든 독일어이다. 도시에서 생태계를 활성화하는 방법으로 녹지를 분할하지 않고 연계해서 생물이 서식하는 공간을 늘리는 방법이다. 그래서 단지 먹이를 주려고 물고기가 있는 연못을 만든다거나 큰 화분에 일년생 화초를 심는 것은 비오톱에 해당하지 않는다. 즉 비오톱은 서로 연결해 비오톱 네트워크를 만들었을 때 가장 좋은 효과를 낼 수 있다. 그래서 공원과 가로수, 잔디, 녹지, 작은 연못 등을 서로 연결하여 생물이 번식하고 이동하기 쉽도록 만들어주어야 한다. 이때 좁지만 길게 조성하는 것이 더 효과적이다. 보봉 마을처럼 비오톱 네트워크화Biotopkartierung를 위해 옥상 녹화와 벽면 녹화, 그리고 곳곳에 나무와 잔디를 연결하여 관리하는 것이 가장 좋은 방법이다.

비오톱을 위해 나선형으로 쌓은 돌

독일 기본법에는 비오톱 보전 법규가 있다. 프라이부르크는 연방 자연 보호법 30조와 바덴뷔르템베르크 자연 보호법[NatSchG] 33조에 의해 생태계를 보호하고 있다.[57] 그래서 생물군이 줄어들면 그만큼 보존과 복원을 통해 새로 조성하게 되어 있다. 도시를 개발할 때에도 미리 비오톱이 어디에 활성화되어 있는지 조사해서 끊어지지 않도록 공사를 실시하고 있다. 이는 도시 내에서 뿐만 아니라 시의 경계를 넘어 각 주에 걸쳐져 있다. 2002년 개정된 자연보호법 3조 내용을 살펴보면 다음과 같은 규정이 있다.

"각 주는 면적의 10%를 넘는 비오톱 네트워크를 설치해야 하며 비오톱의 결합은 각 주에 걸치도록 조성해야 한다."

---

57 비오톱 33조(Gesetzlich geschützte Biotope §33)에 대한 내용은 https://dejure. org/gesetze/NatSchG/33

마을의 시냇물 도르프바흐

보봉 마을의 남쪽 끝에 있는 개울가에 이르렀다. 나무다리로 올라가 개울물이 흐르는 모습을 바라보았다. 개울가에는 나무와 수초, 돌 등 자연 그대로의 모습을 이루고 있었다. 이곳의 이름은 도르프바흐^{Dorfbach}인데, '마을의 시냇물'이라는 뜻이다. 물줄기는 프라이부르크 남쪽에 있는 쇤베르크^{Schönberg} 산에서 시작되는데, 슈바르츠발트의 산기슭에 해당하며 높이는 644m이다. 이렇게 남쪽에서 시작된 물줄기는 보봉 마을로 흘러 들어와 마을의 아래쪽으로 흐르고 있다. 이 도르프바흐를 사이에 두고 건너편 마을인 메르츠하우젠과 경계를 이루고 있는데, 이 개울까지가 보봉 마을인 셈이다. 그리고 홍수가 났을 때 개울이 넘칠 것을 대비해 주택 단지까지는 15m 정도 떨어져 있다.

보봉 마을의 지도를 보면 도르프바흐에 'Biotop §24 NatschG'이라는 용어가 붙어 있었는데, 이것은 '자연보호법^{Naturschutzgesetz} 24조에 의한 비오톱(생물보전구역)'이라는 뜻이다. 이렇게 마을의 작은 개울도 생물 보전구역으로 지정되어 있고 자연 보호법으로 관리하고 있었다.

보봉 마을의 시냇물 도르프바흐

자연 보호법의 내용을 살펴보면, 먼저 수면에는 버드나무와 같이 나뭇가지가 늘어지는 수목을 심어 녹음이 지게 한다. 그늘이 지면 물속에 있는 수초 등이 더 잘 번식할 수 있는 환경이 된다. 이곳은 나무가 쓰러져도 특별히 사고의 위험이 보이지 않는 한 자연 그대로 둔다. 말라버린 나무 자체도 곤충이 살 수 있는 서식처가 될 수 있어 생태계에 도움이 되기 때문이다. 또 나무에는 끈이나 못 등을 사용하지 않으며, 만일 꼭 필요하다면 자연적으로 분해되는 물질을 이용하도록 당부하고 있다. 또한 지나친 개입은 생태계를 훼손될 수도 있어 주의해야 한다. 이러한 보호와 관리는 시 당국이 맡아 하는 할 것 같지만 보봉 마을의 주민들이 하고 있다. 이 또한 프라이부르크 시에서 시민의 의무로 정하고 있기 때문이다.

쇤베르크에서 불어오는 바람

　도르프바흐의 물줄기가 시작되는 쇤베르크 산에서 시원한 바람이 불어오면 한낮의 열기로 뜨거웠던 도심의 열기가 가라앉는다. 한낮에 섭씨 35도를 넘는 날이 계속 되어도 높은 산과 숲으로부터 바람이 불어오면 열섬이 완화되고 저녁이면 기온과 습도가 안정된다. 보봉 마을은 주택단지를 건설할 때 남쪽에 있는 쇤베르크 산에서 내려오는 바람길을 막지 않도록 설계했다. 건물의 방향을 정남향이 아니라 동서로 향하도록 계획한 것이다. 독일에서는 건물을 짓거나 주택단지를 조성할 때 기후변화 평가를 실시해 미리 환경에 미치는 영향을 점검하고 있기 때문이다.

　독일의 남쪽에 위치해 있는 프라이부르크는 최근 기후 변화로 인해 여름의 평균기온이 점점 상승하고 있는 상황이다. 2016년부터 2018년까지 프라이부르크 도시과에서는 환경보호청, 조경과, 토목청과 협력하여 연구와 조사를 진행해왔다. 특정한 장소와 시간대에 기온을 조사하여 열섬이 나타나거나 열 관리가 필요한 곳을 찾아내고 이를 완화할 수 있는 대처방안을 미리 연구해 온 것이다. 어느 곳에 인구밀도가 높은지,

특별히 밀집되는 시간과 장소가 있는지, 열섬이 심각한 지역과 녹지 공간이 부족한 지역이 어디인지 등을 분석했다. 도시의 구조와 녹지정책과의 관계를 파악하여 미래의 기후 변화에 적응할 수 있는 방안을 미리 연구해 온 것이다.

보봉 마을의 오솔길

이렇게 조사 연구한 결과가 바로 '열 스트레스에 대비한 기후 적응 계획'으로, 프라이부르크 시는 2019년 2월부터 도시의 모든 토지 이용 계획 과정에 이를 적용하였다. 이 프로젝트는 독일 연방 환경부와 도시 연구 기관이 주최하는 '2019년 기후 적응Klimaaktive Kommunen 2019' 부문에서 수상의 영예를 안았다. 심사위원단은 "현재 도시의 기후를 분석, 연구하여 미래의 기후를 미리 대비하고 즉시 개선 가능한 프로젝트"라며 높이

평가했다.[58] 또한 독일 지자체 중에서 미래 지향적이고 기후 변화에 대처 방안이 뛰어남을 인정받아 '독일 도시 개발상'도 수상했다.

프라이부르크의 수상 결과는 도시의 지속적인 관찰과 앞선 연구가 미래의 기후중립을 위한 발빠른 대비라는 것을 보여준 좋은 사례가 되었다. '기후중립'이라는 목표는 절대 추상적 명사가 아니며, 먼 비전으로만 존재하는 것도 아니라는 사실을 널리 알린 것이다. 보봉 마을 건설 당시 쇤베르크 산에서 불어오는 바람길을 막지 않았던 계획도 미래의 기후 위기를 위해 몇 십 년을 앞서 간 환경정책 중의 하나였다.

58　프라이부르크 시 사이트 내용 참조 https://www.freiburg.de/pb/1292965

10. 보봉 마을의 에너지 정책

"우리는 평소대로 사업을 계속하면서 자연적 지원 시스템이
스스로 파괴될 때까지 계속 파괴하는 경제를 이어갈 수도
있습니다. 플랜 B를 채택하고 방향을 바꾸어 세상을 지속
가능한 발전의 길로 움직이는 세대가 될 수도 있습니다.
선택은 우리 세대가 내리겠지만, 그것은 다가올 모든 세대
에게 영향을 미칠 것입니다."

    – 레스터 브라운Lester Brown

롤프 디쉬

보봉 마을 입구의 플러스에너지 하우스

　보봉 마을의 입구인 파울라 모더존 광장^{Paula Modersohn Platz}에는 동서로
이어져 있는 보봉거리를 남북으로 가로막고 있는 메르츠하우저 도로가
있다. 그리고 다채로운 색상을 띤 현대적인 건물이 이 도로를 따라

125m 정도 늘어 서 있다. 돛단배처럼 뾰족한 건물의 지붕에는 태양광 집열판이 설치되어 있다. 이 건물이 바로 세계 최초의 태양광 플러스에너지 하우스인 조넨쉬프Sonnenschiff이다. '태양에너지를 흡수하는 배'라는 뜻으로 건물의 모양과 특징을 모두 담고 있는 이름이다. 플러스에너지 하우스는 말 그대로 에너지를 소비하는 것보다 더 많은 에너지를 생산하는 건물이라는 뜻이다. 건물 자체가 거대한 발전소나 다름이 없는 셈이다.

플러스에너지 건물인 조넨쉬프는 독일 건축가 롤프 디쉬Rolf Disch가 제작하였다. 그는 일찍이 '헬리오트롭Heliotrop'을 만들어 세계의 이목을 집중시킨 인물이다. 헬리오트롭이란 무엇이며 얼마나 획기적인 건물이었을까. 헬리오트롭은 '헬리오트로피움Heliotropium'이라는 식물의 이름에서 온 것이다. 보라색 꽃이 아름다운 이 식물은 태양빛에 반응해 움직이는 특징이 있는데, 롤프 디쉬는 이를 포착하여 에너지 하우스에 접목시켰다. 즉 원통형의 건물은 태양의 움직임에 따라 회전하며 에너지를 생산하고 저장한다. 헬리오트롭은 단열 및 온수 공급, 전기 공급, 빗물 활용, 건식 퇴비화 및 중수 처리 등 많은 기능을 갖추고 있는 주택으로 모두 재생 가능한 재료로 건축되었기 때문에 기후중립적인 건물이다.

롤프 디쉬는 1994년에 자신의 주택과 사무실 용도로 헬리오트롭을 만들어 직접 생활했다. 두 번째 완성한 헬리오트롭은 프라이부르크에 설치되었는데, 조넨쉬프가 있는 단지 동쪽에 있다. 이후 오펜부르크Offenburg와 바이에른Freistaat Bayern 주에도 건설하여 개인 주택을 제외하면 세 개의 헬리오트롭을 만들었다. 에너지를 생산하는 건물이고 기후중립을 위한 건물이라면 미래의 지속 가능한 건축 모델임이 분명하다.

이후 롤프 디쉬는 소비되는 에너지보다 생산되는 에너지가 더 많은 '태양광 플러스에너지 하우스'를 계획하였다. 프라이부르크 시가 EXPO 2000을 위해 슐리어베르크의 졸라지드룽Solarsiedlung am Schlierberg이라는 프로젝트를 세웠고 그 일환으로 진행되었다. 그리고 2006년에 총 59가구의 플러스에너지 하우스가 완성되었다. 메르츠하우저 거리를 따라 늘어선 상업용 건물이 '조넨쉬프'이고 주택까지 포함한 전체 단지가 '졸라지드룽Solarsiedlung'이다. 현재 롤프 디쉬의 건축회사Rolf Disch SolarArchitektur는 유럽 전역에 플러스에너지 하우스를 계획하고 건설해 나가고 있다.[59]

태양광 플러스에너지 하우스

---

59 롤프 디쉬 졸라아키텍투어의 사이트 내용 참조
http://www.rolfdisch.de/projekte/das-heliotrop/

플러스에너지 하우스

플러스에너지 하우스에는 에너지 생산을 위해 태양광 모듈이 장착되어 있다. 총 태양광 전력은 연간 420,000kWh를 생산하는데 이는 약 200,000 리터의 석유를 절약하고 500 톤의 CO_2를 감소시키는 것과 같은 수치이다. 이는 주민들이 사용하는 에너지의 4배에 해당하는 에너지 양으로 건물 자체가 어마어마한 에너지 발전소이다.[60]

건물은 에너지 효율성이 높은 기술을 갖추고 있다. 건물 지하와 천장에는 진공 단열재를 사용하였고 유리창은 3중 단열 유리이다. 여름의 냉방은 일사량을 자동 제어하는 시스템을 이용하고 있는데, 태양광의 실내 진입 양을 계산함으로써 온도가 낮은 쪽으로 자동으로 열리고 닫히며 조절하는 체계이다. 또한 공기 교환기는 야간 기온과 주간 기온의 차이를 이용하여 낮은 기온이 될 때까지 가동함으로써 냉방의 효과를 내는 시스템이다. 이 외에도 에너지의 생산과 공급, 순환과 저장 등이 모두 최신의 기술로 집약되어 있다.

---

60 유럽 뉴스의 내용 참조 https://iclei-europe.org/

북쪽의 플러스에너지 하우스(좌)와 남쪽의 저에너지 하우스(우)

메르츠하우저 거리에 늘어선 건물을 정면으로 마주 보면 북쪽 초입의 건물은 5층이지만 옆으로는 낮은 3층으로 이어져 있다. 북쪽 단지는 플러스에너지 하우스이고 남쪽 방면에 있는 단지는 저에너지 하우스이다. 이제 뒤쪽에 있는 주택단지로 가기 위해 가운데에 있는 통로로 가 보았다. 중앙 통로를 통과하자 놀이터가 나타나며 새로운 마을에 들어선 것 같았다. 이 남향의 주택들은 3층 규모로 작은 정원이 딸려 있었다. 지붕을 올려다보니 태양광 패널이 처마처럼 나와 있었다.

플러스에너지 하우스의 상업용 건물 조넨쉬프에는 소매점과 사무실이 들어와 있었다. 독일의 상점 디엠[dm]도 보이고 유기농 식품 상점 알나투라[Alnatura]도 입주해 있었다. 무엇보다 지속 가능한 미래를 위한 환경연구소인 외코 연구소[Öko Institut e.V.] 사무실이 눈에 띄었다. 1970년대 탈핵운동으로 시작된 이 환경 연구소는 프라이부르크가 본부이니만큼 이 도시의 대표적인 곳이다. 또한 독일 최초의 윤리 은행인 GLS 은행[Gemein-schaftsbank e.G]도 들어와 있었다.[61] 대표적인 연구소와 은행이 도심이 아니라

---

61 GLS 은행은 재생 에너지, 유기농 식품, 친환경 주택, 지속 가능한 비즈니스, 교육 분야 등을 지원하고 있다.

이곳에 있는 것도 보봉 마을과 조넨쉬프의 위상을 말해주고 있다.

주택 지붕의 태양광 패널

보봉 마을의 패시브에너지 하우스

다시 파울라 모더존 광장으로 나와 트램 정거장에서 조넨쉬프 건물을 바라보았다. 보봉 마을 입구를 막아선 것처럼 배치한 이유는 보봉 마을의 방음벽 역할을 위해서이다. 이 건물은 사실 시기가 맞지 않아 보봉 마을에 편입되지 못했다고 한다. 그래서 보봉 마을과는 다른 교통정책이 적용되고 있다. 하지만 조넨쉬프는 보봉 마을의 대안 에너지 계획과 서로 맞물려 있다.

보봉 마을은 저에너지 하우스로 계획되었다. 하지만 초기 포럼 보봉은 건축그룹[62]을 만들 때부터 패시브하우스가 건설될 수 있도록 요구하였다. 에너지 효율이 높은 패시브에너지 하우스는 단열과 환기 시스템으로 열손실을 크게 줄인 주택이기 때문이다.[63]

저에너지 하우스, 패시브에너지 하우스는 에너지 사용량에 얼마나 차이가 있을까. 서로 상대 비교를 통해 살펴보면 저에너지 하우스의 에너지

---

62 보봉의 초기 건축그룹 중 하나인 〈커먼 앤 지에스(Common&Gies Architects)〉
63 패시브에너지 연구소 내용 참조 https://passiv.de/

기준치가 연간 7리터/㎡라면 패시브에너지 하우스는 연간 1.5리터/㎡이다. 예를 들어 등유 소비량으로 비교해 보면 저에너지 하우스는 700리터로 52만원이 든다면 패시브에너지 하우스의 에너지 기준치는 150리터로 11만원에 해당한다. 일반 건물의 경우가 30리터/㎡라는 걸 생각해 보면 저에너지 하우스도 상당히 에너지가 절약되는 건물이다. 그런데 연간비용을 살펴보면 패시브에너지 하우스야말로 에너지 소비를 크게 줄일 수 있는 에너지 절약형 건물이라는 것을 알 수 있다.

보봉 마을의 패시브에너지 하우스

패시브에너지 하우스를 보면 단열에 있어 두께가 기존의 2배 이상 (12cm~16cm) 되는 단열재를 사용하고, 남향으로 건축하되 열반사 코팅이 되어 있는 유리를 사용하여 남쪽 벽면의 70% 이상을 유리창으로 건설하도록 했다. 여름에는 넝쿨식물로 태양빛을 차단하고 겨울에는 저절로 낙엽수가 되도록 하여 태양빛의 양을 조절하는 벽면 녹화도 적용되었다. 다음으로 열 손실을 줄이기 위해서 공기교환기나 환기시스템을 이용하고, 베란다나 엘리베이터의 연결 등으로 열을 빼앗기는 열손실 구조는 되도록 변경하였다. 보봉 마을 주민들의 지속적인 요구와 협상으로 주택 단지 내에는 최종 220채의 패시브에너지 하우스가 세워졌다. 패시브에너지 하우스는 기존의 건축에 비해 7%의 비용이 더 들지만 실제 생활할 때는 79% 절약된다는 것이 입증되었다.[64]

독일에서는 일찍부터 에너지 절약 단열 시행령을 실시했고 이에 따라 프라이부르크도 에너지 절약 정책을 시행해 나갔는데, 다른 도시보다 앞서 독자적이고 엄격한 기준을 세웠다. 그래서 1992년부터 도시 개발로 짓는 건물은 저에너지 하우스로 건축하게 되었다. 이 외에도 개량형 저에너지 하우스와 제로에너지 하우스 등 여러 형태의 에너지 절약형 하우스가 세워졌다. 오늘날에는 한 단계 더 나아가 플러스에너지 하우스에까지 이르렀다. 롤프 디쉬는 "플러스에너지는 근본적으로 미래의 필수 환경 요소이다."[65]라고 말했다. 앞으로 우리가 살아갈 미래의 환경은 에너지를 생산하면서 사용하는 주택에 살게 될 것이다.

파울라 모더존 광장에서 탄 트램은 천천히 돌아 다시 메르츠하우저 거리로 나왔다. 우리가 돌아 본 보봉 마을은 가상의 마을이 아니라 주민들이 생활하고 아이들이 뛰어노는 평범한 마을이었다. 이 보봉 마을의 모습이 우리 사회에도 담겨지기를, 그리고 미래의 지속 가능한 모든 도시의 모습이 되기를 간절히 소망해 보았다.

---

64 '패시브하우스 보봉' 사이트의 내용 참조 https://passivhaus-vauban.de/
65 롤프 디쉬 졸라아키텍투어, 앞의 사이트

보봉 마을 주민들은 마을의 도전을 '전환 프로젝트'라고 불렀다. 오늘날 보봉 마을에 정착된 교통정책, 에너지 정책, 녹지 정책 등을 누구나 생활 속에서 누리기 위해서는 대전환이 필요하다는 의미일 것이다. 그것은 패시브하우스나 플러스에너지 하우스처럼 앞선 기술을 보여주는 것만큼이나 생활 속 작은 실천과 절약도 중요하다는 것을 말해준다. 그리고 시민들과 협동조합, 환경단체가 함께 '배우는 계획'으로 도시를 이끌어 나가는 것도 오늘날 보봉 마을을 이룬 가장 큰 힘이다. 보봉 마을뿐만 아니라 프라이부르크 시 전체가 보여준 '전환 의식'과 손잡고 함께해 나가는 '참여 의식'이 미래로 향해 가는 시민 사회에 꼭 필요한 자세라는 걸 배우는 귀한 시간이었다.

EPILOGUE

도시를 떠나며 슈바르츠발트로

늦가을 무렵 우리는 프라이부르크를 탐방하기 위해 서쪽의 스트라스부르크에서 들어왔다. 그래서 동쪽에 있는 슈바르츠발트의 진면목을 볼 수 없었는데 뜻밖에도 도시를 떠나는 날 그 기회가 찾아왔다.

뮌헨으로 가는 버스가 프라이부르크의 도심을 떠나 동쪽을 향해 달렸다. 드라이잠 강변을 따라 가다가 갑자기 버스가 속도를 늦추기 시작했다. 이른 아침에 교통 체증에 걸린 걸까 싶어 앞을 내다보니 어마어마한 협곡 아래를 지나고 있었다. 깎아지른 듯한 절벽 아래에 차들이 일렬로 늘어서서 조심스럽게 빠져나갔다. 버스 안에 있는 운전사와 손님들이 모두 긴장해서 조용히 지켜보았다. 거의 속도를 내지 않은 상태에서 이루어진 조심스러운 운행은 몇 십 분이나 이어졌다. 급히 지도를 펼쳐 보니 아마도 팔켄슈타인 성 유적^{Falkenstein Castle Ruins}을 지나고 있는 것 같았다. 가까운 곳에는 기차역도 표시되어 있었는데 그 이름이 '천국^{Himmelreich}' 역이었다. 그 아슬아슬한 순간이 지나고 티티제^{Titisee} 정류장에 도착했을 때는 눈이 내리고 있었다. 슈바르츠발트의 가장 높은 산인 1493m의 펠트베르크^{Feldberg} 산등성이가 가까이에 있었다.

버스는 다시 출발하여 해발고도가 높은 지대를 계속 달렸다. 펠트베르크 주위로는 1200m 이상의 산들이 포진하고 있는데 그 스카이라인을 따라 가고 있는 것 같았다. 잔뜩 끼어있던 안개가 조금씩 걷히자 짙푸른 하늘과 길 외에는 아무것도 보이지 않았다. 우리가 탄 버스 외에는 인간의 흔적, 현대문명의 흔적을 찾아 볼 수 없었다. 목초지가 끊임없이 펼쳐진 풍경에는 대자연만이 전부였다. 조금 더 달리자 길 아래로 강과 계곡이 보이고 집들이 나타나기 시작했다. 동시에 조금씩 움직이는 하얀 점들이 보였다. 양이었다. 잠시 꿈을 꾼 듯 과거의 시간으로 돌아간 듯 착각이 들었지만 오히려 우리는 미래의 풍경을 본 건 아닐까 생각했다. 지구의 오염된 환경이 회복되어 깨끗한 물과 공기, 하늘과 땅이 펼쳐진 미래의 모습이 바로 이런 풍경일 듯 싶었다. 버스는 서서히 내리막길로 이어진 도로를 달렸다. 프라이부르크를 떠나며 슈바르츠발트의 마지막 산자락까지 그 진면목을 볼 수 있어 다행이었다.

미래의 지속 가능한 도시를 향하여

도시 탐방을 마치고 돌아 온 후 프라이부르크가 도시 탄생 900주년을 맞았다는 소식을 들었다. 그리고 그동안 건설 중이던 새로운 청사의 완공된 모습도 보았다. 기념일에 맞춰 프라이부르크 중앙역 뒤쪽 슈튀링어 지역에 새로운 시청^{Rathaus im Stühlinger} 건물을 지은 것이다. 뒤셀도르프의 건축가 인겐호벤이 맡았는데 공공건물로서는 세계 최초의 플러스에너지 하우스가 되었다. 그리고 독일 및 유럽 태양광 부문에서 유럽 최대의 공공기관으로 선정되었다. 수상 이름은 '독일 태양광상^{German Solar Prize}'이다. 또한 슈튀링어의 새로운 시청은 '독일의 지속 가능성 상^{Deutscher Nachhaltigkeitspreis}'도 받았다.

슈튀링어의 새로운 시청 ©freiburg

새로운 청사 건물을 살펴보면 재생 가능한 친환경 에너지(태양열, 지열 등)를 사용하고 있으며 난방, 냉방, 환기 및 온수 등을 해결하고 있다. 또한 숲에서 가져온 낙엽송으로 시청 전면을 덮었고, 원통형 건물의 가운데는 중정을 조성하여 녹지공간을 확보했다. 옥상에는 움직이는 태양광 모듈을 장착했는데, 에너지 생산과 차광의 기능을 동시에 가지고 있다. 이렇게 소비하는 것보다 더 많은 에너지를 생산하는 세계 최초의 공공건물이 탄생했다. 이렇게 프라이부르크는 멈추지 않고 미래의 지속 가능성을 위해 나아가고 있다.

오늘날 인류에게 닥친 에너지 기후 위기는 더욱 심각해지고 있다. 지금 바로 환경 중심의 생활방식으로 전환한다면 좀 더 희망적인 미래와 마주할 수 있을 지도 모른다. 지속 가능한 미래로 달려가고 있는 프라이부르크는 불안이나 회의보다는 희망과 확신을 전해주고 있다. 한 도시가 지역 공동체로서 도시의 환경을 개선하고 지속 가능한 미래를 만들어 나가는 모습을 통해 많은 것을 배울 수 있을 것이다.

프라이부르크는 새로운 표준을 계속 만들어 나가고 있다. 그리고 그 모습은 앞으로 우리가 살아갈 세상이 될 것이다. 그러기 위해서는 모두가 세계 시민으로서 인류의 문제를 인식하고 실천해 나가야 할 것이다. 지속 가능한 미래가 우리에게 올 때까지 프라이부르크의 환경 역사는 계속될 것이다. 그 길로 전 세계가 손잡고 함께 나아가기를 간절히 바란다.

"오늘 우리가 하는 일이 내일 세상이 어떤 모습일지를 결정합니다."
- 마리 폰 에브너 에센바흐

부록

【프라이부르크 환경 역사(Freiburg Meilensteine)】

1975년
원자력 발전소 건설 계획(빌(Wyhl) 도시)에 반대하는 시민 저항 운동의 성공

1977년
외코 인스티튜트 설립

1979년
프라이부르크 최초의 태양광 아파트 건물 건설

1981년
프라운호퍼 태양 에너지 시스템 연구소 ISE 설립

1986년
원자력 에너지의 단계적 폐지를 위한 시의회 결의 – 시립 환경보호청 설립

1991년
폐기물 관리계획에 대한 결의안 채택 – 재활용 포장재 제도 도입

1992년
건축 표준 – 저에너지 건축, 최초의 에너지 자급자족형 태양광 주택
"자연 및 환경 보호를 위한 연방 수도" 수상

1994년
세계 최초 플러스에너지 하우스 "헬리오트롭" 건설
프라이부르크 지역교통협회(RVF) 설립

1995년
리젤펠트 주택지구 건설

1996년
울보르 헌장 서명 – 기후 보호 계획(2010년까지 CO_2 배출량 25% 감축)

1998년
보봉 마을 건설 시작

1999년
프라이부르크 지역 에너지청 GmbH 설립(독일 최초의 다가구 패시브에너지 하우스)

2000년
프라이부르크 최초의 '인터솔라' 개최
(Intersolar Europe: 태양광 산업을 위한 세계 최고의 전시회)

2001년
프라이부르크 산림협약 채택

2004년
태양광 정보센터 개소

2006년
토지이용계획 2020

2007년
기후 보호 계획 (2030년까지 CO_2 배출량 40% 감축)

2008년
프라이부르크 시 그린시티사무소(행정부 산하) 설립

2009년
"프라이부르크 에너지 효율 주택 표준" 도입
"그린시티 프라이부르크 클러스터"(FWTM) 설립
프라이부르크 지속가능성 목표 채택
유럽 녹색수도상 선정

2010년
기업의 기후 및 환경 보호 프로젝트 (ECOfit) 프로그램
프라이부르크 환경구역(Umweltzone) 도입

2010년

프라이부르크 "기후보호 2010년 연방 수도"에 선정(독일 환경지원대회에서 우승)

2011년

세계 최초의 패시브 고층건물 리노베이션(아파트를 리노베이션하여 최초의 패시브에너지 하우스 고층건물을 선보임)

프라이부르크 시 지속가능성 관리부 설립

2012년

"독일 지속가능성 상" 수상

2013년

자전거 교통계획 2020(기후 변화에 따른 정책)

2014년

새로운 기후보호 목표 수립(2030년까지 CO_2 50% 감소, 2050년까지 기후중립달성)

"녹색산업단지 (GIP)" 조성

2018년

프라이부르크 시청의 DGNB "지속가능한 건축" 상 수상

"녹색산업단지" 이니셔티브에 대한 지자체 "기후 활동" 상 수상

2019년

기후중립을 위한 새로운 디텐바흐 주택지구

기후 보호 계획(2030년까지 CO_2 60% 감축, 2050년 100% 달성)

2019 "프라이부르크 기후적응 계획" 수상(기후 활성 지방자치단체)

2021년

기후 보호 정책을 결정(1억 2,000만 유로의 미래 기금으로 적극적 시행)

도시의 교통 부문에서 이동성 사업부를 설립(프라이부르크 최초이자 국가 시범 프로젝트)

2022년

기후 보호 목표의 강화(2035년까지 기후중립 달성을 위한 계획)

2023년

독일 최초의 자전거도로 태양광 지붕 시스템(300미터 길이의 태양광 자전거도로 건설)

교통부문에서의 기후 보호 강화

프라이부르크 메세 센터(전시장) 프로젝트

▣ 참고문헌 및 출처

김해창, 《환경 수도, 프라이부르크에서 배운다》, 이후, 2003

제프리 스펙, 《걸어다닐 수 있는 도시》, 마티출판사, 2014

무라카미 아쓰시, 《프라이부르크의 마치즈쿠리》, 한울아카데미, 2009

───────

유럽 의회 https://www.europarl.europa.eu/

독일 연방의회 https://www.bmuv.de/

프라이부르크 시 https://www.freiburg.de/

그린시티 프라이부르크 https://greencity.freiburg.de/

프라이부르크 관광청 https://visit.freiburg.de/

독일 철도청 www.bahnhof.de

물의 도시 계획 지도 http://wasserstadtplan-freiburg.akwasser.de/

분트(BUND) https://www.bund.net/

유럽 보행자 권리 헌장 https://www.diba.cat/c/document_library

뮌스터 마르크트 https://muenstermarkt.freiburg.de/

타이푼 두부회사 https://www.taifun-tofu.de/

비오란트 https://www.bioland.de/

페어마일 https://pubs.iied.org/15516iied

유기농식품산업연맹 https://www.boelw.de/

지속 가능한 도시 이동성 계획(SUMP) https://park4sump.eu/

레기오카르테 https://www.vag-freiburg.de/

유럽 모빌리티 위크 https://mobilityweek.eu/

세계 지속 가능한 관광 협의회(GSTC) www.gstcouncil.org

프라운호퍼 프라이부르크 연구소 https://www.freiburg.fraunhofer.de/

프라이부르크 슐로스베르크 협회 https://www.kuratorium-schlossberg.de/

주택협동조합 보봉 https://stadtteil-vauban.de/

차 없는 생활 협동조합 https://www.autofrei-verein.de

전환도시 프라이부르크 http://ttfreiburg.de/

프라이부르크 트램 회사 VAG https://www.vag-freiburg.de/

에셔 주택협동조합 https://esche-freiburg.de

독일 자연보호법 https://dejure.org/gesetze/NatSchG

롤프 디쉬 http://www.rolfdisch.de/

패시브에너지 연구소 https://passiv.de/

패시브하우스 보봉 https://passivhaus-vauban.de/

▣ 인용문 출처

1부 :

■ 1. 모드 발로우, 〈블루 커뮤니티〉 단체 선언문 ■ 2. 헤르만 헤세, 《헤세, 반항을 노래하다》 ■ 3. 제인구달, 《더 나은 세상을 위한 레시피》 ■ 4. 이반 일리치, 《Energy and Equity: A Eulogy to the Bicycle》 ■ 5. 토마스 에디슨 명언 ■ 6. 아리안나 파피니, 《나무를 자르기 전에》

2부 :

■ 7. 롭 홉킨스, Change Now 2023년 6월 파리 연설 ■ 8. 사티쉬 쿠마르, 〈리서전스& 에콜로지〉 ■ 9. 헤르만 헤세, 《정원일의 즐거움》 ■ 10. 레스터 브라운 《PLAN B: The Great Mobilization》

** 프라이부르크 시티맵 ⓒontheworldmap
** 프라이부르크 환경역사 ⓒGreen City Freiburg
** 뒷표지 로고 ⓒeco-counter

유럽의 도시 기행

프라이부르크
- 독일의 지속 가능한 도시를 가다

발행일   2023년 12월 31일
지은이   소노스(SONOS)

펴낸곳   레겐보겐북스
펴낸이   강석윤
출판등록   제651-2022-000010호
주소   제주시 구남로 2길 27-1 (이도이동) 201호
이메일   pebbles1@naver.com
블로그   https://blog.naver.com/regenbogenbooks

ISBN   979-11-978110-2-9 03920